Johann Heinrich Robert Göppert, Theodor Poleck

Der Hausschwamm - seine Entwicklung und seine Bekämpfung

Johann Heinrich Robert Göppert, Theodor Poleck

Der Hausschwamm - seine Entwicklung und seine Bekämpfung

ISBN/EAN: 9783743673755

Hergestellt in Europa, USA, Kanada, Australien, Japan

Cover: Foto ©Andreas Hilbeck / pixelio.de

Weitere Bücher finden Sie auf **www.hansebooks.com**

Der

Hausschwamm,

seine Entwicklung und seine Bekämpfung.

Von

Dr. H. R. Göppert,
Professor und Geheimer Medicinal-Rath.

Nach dessen Tode herausgegeben und vermehrt

von

Dr. Th. Poleck,
Professor an der Universität zu Breslau.

Mit Holzschnitten und drei farbigen und einer Lichtdrucktafel.

Breslau 1885.
J. U. Kern's Verlag
(Max Müller).

Vorrede.

Der verewigte Geheime Medicinalrath und Professor Dr. H. R. Göppert hatte seit längerer Zeit, namentlich aber in den letzten zehn Jahren seine Aufmerksamkeit unausgesetzt der Entwicklung, der Verbreitung und der Vertilgung des Hausschwamms zugewandt, dessen Verheerungen in früher nicht gekannter Weise auch in Breslau immer grössere Dimensionen annahmen. Er hatte sich dabei vor Allem die Aufgabe gestellt, in immer grösseren Kreisen das Verständniss für eine rationelle Bekämpfung dieser Calamität zu wecken und zu verbreiten. Im April 1876 behandelte er diesen Gegenstand in einem Vortrage in der hygienischen Sektion der schlesischen Gesellschaft für vaterländische Cultur und, nach mannigfachen gelegentlichen Mittheilungen, fasste er alle auf diesem Gebiete erhaltenen Resultate und alles Wissenswerthe in einem Vortrage zusammen, welchen er im Januar v. J. in derselben Gesellschaft hielt und durch die Vorlegung einer grossen Anzahl instructiver Präparate und Zeichnungen erläuterte. Gleichzeitig stellte er bei dieser Gelegenheit das nahe bevorstehende Erscheinen einer selbstständigen, für Fach- und grössere Kreise berechneten Schrift mit Illustrationen in Aussicht, welche den Abschluss seiner Untersuchungen, eine vollständige Entwicklungsgeschichte des *Merulius lacrimans* und die Grundlagen für seine rationelle Bekämpfung bringen sollte. Der Tod überraschte ihn am 18. Mai 1884, bevor er diesen Plan ausführen konnte, für welchen er bereits die drei ersten Tafeln dieser Schrift hatte fertig stellen lassen.

Der Unterzeichnete erfüllte eine Pflicht der Pietät und Dankbarkeit gegen seinen unvergesslichen väterlichen Freund und

Collegen, wenn er die Herausgabe dieser Schrift in die Hand nahm. Auf Grund der beiden Vorträge und der hinterlassnen Aufzeichnungen veranlasste er zunächst den Director des westpreussischen Provinzial-Museums in Danzig, Herrn Dr. Conwentz, den früheren langjährigen Assistenten des Verewigten, den botanischen Theil der Schrift zu redigiren, während er selbst im Verein mit Herrn Apotheker Thümmel die bereits früher begonnene chemische Untersuchung des Hausschwamms zum relativen Abschluss brachte. Ein Theil der Resultate derselben, namentlich die gelungenen Culturversuche des *Merulius* aus Sporen auf seinem natürlichen Nährboden wurden erst nach dem Tode des Verewigten erhalten, haben aber hier Aufnahme gefunden, weil sie wesentlich zur Klärung der Sachlage beitragen.

Hoffen wir, dass es uns gelungen sein möge, die Intentionen des Verewigten in dieser Schrift verwirklicht zu haben!

Breslau, im März 1885.

Poleck.

Inhalt.

	Seite.
1. Einleitung	1
2. Vorkommen und Verbreitung des Hausschwamms	5
3. Entwicklung des Pilzes	10
4. Einwirkung auf das Holz	14
5. Die chemische Zusammensetzung des Hausschwamms und ihre Beziehung zu seinem Substrat	15
6. Der Hausschwamm in sanitärer Beziehung	31
7. Vorschläge zur Verhinderung der Einwanderung und zur Beseitigung vorhandenen Hausschwamms	35
Nachtrag	50
Erklärung der Tafeln	55

Die auffallende Thatsache, dass der Hausschwamm in den letzten Decennien durch ganz Deutschland immer grössere Verheerungen in unseren Gebäuden veranlasst, sein Umsichgreifen in Städten, wo man ihn früher kaum kannte, und der Umstand, dass gerade die älteren und ältesten Häuser von ihm verschont bleiben, während viele, kaum fertig gestellte private und öffentliche Bauwerke ihm zum Opfer fallen, fordert zu einer wiederholten ernsten und eingehenden Untersuchung der Bedingungen auf, an welche seine Entwicklung und seine Verbreitung geknüpft ist, und ebenso zu einer Kritik der Mittel, durch welche man seiner Verbreitung entgegenzutreten und seine Vernichtung herbeizuführen sucht.

Die Lösung dieser Aufgabe liegt in erster Linie auf dem Gebiete der Botanik; da es sich aber hier bei der Zerstörung des Holzes und unter Umständen des Mauerwerks um tief eingreifende chemische Processe handelt, welche in directer Beziehung zur Entwicklung und zu den Bestandtheilen des Hausschwamms stehen, und andererseits bisher jede chemische Untersuchung derselben fehlt, so durfte man auch von einer solchen einigen Aufschluss über die Natur und die Ursachen dieser Verheerungen erwarten.

Das Umsichgreifen des Hausschwamms in dem vor wenigen Jahren erbauten Museum für bildende Künste, sowie sein massenhaftes Auftreten in anderen öffentlichen Gebäuden und vielen Privathäusern gestaltete sich gegenwärtig grade hier in Breslau zu einer Calamität, welche mich bestimmte, meine früheren Untersuchungen wieder aufzunehmen und meinen bereits vor einem Decennium wiederholt erhobenen Warnruf zu wiederholen, und diesen um so lauter, je mehr ich in dieser Zeit die Ueberzeugung gewinnen musste, dass man gerade von bauverständiger Seite den wissenschaftlichen Erfahrungen über die Entwicklung und Verbreitung der Pilze nicht genügend Rechnung trug. Zunächst entwickelte ich in zwei Vorträgen, welche ich am 24. Januar und 8. Februar 1884 in der hygienischen Section der schlesischen

Gesellschaft für vaterländische Cultur hielt, meine bereits im Jahre 1876 in demselben Kreise ausgesprochenen Ansichten „über den Hausschwamm und seine Bekämpfung" und diese sind dann die Grundlagen für die gegenwärtige, für grössere, nicht spezifisch botanische Kreise bestimmte Schrift geworden.

In der neueren Zeit ist das Studium der Pflanzenfamilie der Pilze, sowie der Kryptogamen überhaupt, in den Vordergrund der wissenschaftlichen Thätigkeit fast aller Botaniker getreten, während man früher bis zur Vervollkommnung des Mikroskops die nur bei Vergrösserung sichtbaren Pilze zum Theil nicht kannte, zum Theil ihre Bedeutung nicht zu würdigen verstand. Dagegen war schon in den ältesten Zeiten die theilweise Schädlichkeit der Pilze bekannt und schon im klassischen Alterthum wusste man von Vergiftungsfällen durch Verwechslung von giftigen mit essbaren Pilzen zu erzählen. „Quantus furor tanti cibi ancipitis", ruft Plinius aus, nachdem er eine Anzahl derartiger Todesfälle erwähnt hat. Bekanntlich verlor der Tragöde Euripides seine gesammte Familie durch ein Pilzgericht. Bis in das siebzehnte Jahrhundert wurde das Studium der Pilze jedoch wenig beachtet, erst Linné vereinigte die verwandten Arten zu Gattungen und machte sie zum Gegenstand einer wissenschaftlichen Beschreibung. Aus seiner Zeit besitzen wir recht brauchbare Arbeiten über die Pilze.

Die Verbesserung des zusammengesetzten Mikroskops rief nun auch auf diesem Gebiete wissenschaftlicher Forschung eine totale Umwälzung hervor. Während die höheren Pflanzen ihre Gestalt und die äusseren Einrichtungen zur Ernährung und Fortpflanzung dem blossen Auge offenbaren, ist dies bei den niederen Gewächsen im Allgemeinen nicht der Fall. Daher konnte das Studium derselben erst beginnen, als das Mikroskop ihre Organe unserem Auge näher führte. Mit einem Male wandte man sich eifrig der Untersuchung der Kryptogamen zu, welche in wenigen Decennien, seit Mitte unsers Jahrhunderts gründlicher, als viele der Phanerogamen-Familien untersucht wurden. Vor Allem wurde die formenreiche, merkwürdige Familie der Pilze in ihren kleinsten mikroskopischen Organismen Gegenstand eines intensiven Studiums, welches uns durch die Klarlegung der Beziehungen dieser kleinsten Organismen zu den Lebensprocessen der höheren Pflanzen und Thiere, sowie unseres eignen Organismus neue grosse Gebiete der Forschung erschlossen hat. Die allgemeine Verbreitung der Pilzsamen, hier Sporen genannt, wurde nachgewiesen und damit die Lehre von der generatio aequivoca, der Entstehung von Organismen ohne vorhandene Keime, vollständig erschüttert; sie wurden als die Erreger der Gährungs- und Fäulnissprocesse, als die Träger der Infectionsstoffe ansteckender Krankheiten erkannt. Wenn dieselben durch unsere Athmungsorgane in die Lunge oder durch äussere Verletzungen in unser Blut gelangen, so veranlasst eine Anzahl derselben, wie die Milzbrand- und Rotz-Bacillen etc., Zersetzungsprocesse in unserem Organismus und erzeugt damit gefährliche Krankheiten, welche rasch und oft unter entsetzlichen Symptomen zum Tode führen. Die Lehre von den organisirten Infektionsstoffen — wir erinnern nur an den Komma-Bacillus der Cholera, die Spirillen des Rückfalltyphus, die Diphtherie, die Entstehung einer grossen Anzahl von Hautkrankheiten etc. — ist ein überaus wichtiges und noch lange nicht erschöpftes Gebiet der Pathologie geworden. Andere Pilzsporen, so jene des Häuser- oder Gebäudeschwamms, dringen in unsere Häuser und entwickeln sich hier zu jenen Gebilden, welche auf nicht minder heimtückische Weise unsere gemüthliche häusliche Ruhe stören, die Atmosphäre unserer Wohnungen mit schädlichen Ausdünstungen erfüllen, ja endlich nach Zerstörung alles Holzwerkes sogar ihren Zusammensturz bewirken, wenn wir uns nicht beeilen, ihrer verheerenden Arbeit rechtzeitig entgegen zu treten.

Schon vor 50 Jahren habe ich in meinen Vorlesungen die Kryptogamen eingehend berücksichtigt und bin später gelegentlich anderer Arbeiten immer wieder auf dieses Gebiet zurückgekommen. Meine Beschäftigung mit den Pilzen richtete sich jedoch weniger auf die Eröffnung neuer Gebiete, als auf die Verbindung älterer Thatsachen und Untersuchungen mit der Praxis, mit gemeinnützigen Zwecken. So habe ich bereits seit zwanzig Jahren im Museum des botanischen Gartens zu Breslau eine permanente Ausstellung der giftigen, verdächtigen und essbaren Pilze in ihrer Darstellung durch getrocknete und in Spiritus aufbewahrte Exemplare, durch Abbildungen und Präparate unternommen, eine Einrichtung, welche an vielen Orten Nachahmung, aber die allgemeinste Anerkennung in der Pilzausstellung gefunden hat, welche durch einen unserer ersten Pilzkenner, Herrn Oberstabsarzt Dr. Schröter auf der Gewerbe-Ausstellung zu Liegnitz im Jahre 1883 veranlasst wurde.

Ich habe ferner mein Augenmerk auf die Krankheiten der Bäume gerichtet und mit ihrem Studium mich eingehend beschäftigt. Die Forstmänner und Gärtner habe ich vor jeder unnützen Verletzung der Bäume durch Ausästen gewarnt und darauf hingewiesen, dass die gefährlichsten Krankheiten derselben durch Pilze erzeugt werden, deren staubfeine Samen auf jeder Wundfläche ein günstiges Substrat für ihre weitere Entwicklung vorfinden. Jeder grössere Pilz, welcher an einem Baume hervortritt, ist das sichere Zeichen einer chronischen Krankheit, welche endlich den Tod des Baumes herbeiführt.

Sein Mycelium, das Pilzgewebe, durchsetzt allmälig den ganzen Stamm, es entzieht dem Holz wichtige Bestandtheile, lockert dadurch seinen Zusammenhang, so dass der Baum seinen Halt verliert und bei nächster Gelegenheit Wind und Wetter zum Opfer fällt. So hat der Sturm im botanischen Garten eine mächtige Weide gebrochen, welche äusserlich völlig gesund erschien, deren Inneres aber bis auf die, 6—8 Centimeter dicke Rinden- und Cambialschicht von den Pilzen total zersetzt war. In gleicher Weise ging eine 25 Meter hohe Birke durch Pilze zu Grunde. Das Zusammenbrechen solcher Stämme erfolgt oft ganz plötzlich, wie z. B. vor einigen Jahren in Liegnitz, wo derartig zusammenstürzende Bäume zwei Personen erschlugen. Diese Untersuchungen sind gegenwärtig in die Hände unseres ersten Forstbotanikers Professor Hartig in München übergegangen, welcher sie mit vielem Glück fortgesetzt und ihre wichtigen Resultate in klassischen Werken veröffentlicht hat.

Seit längerer Zeit habe ich mich, wie bereits erwähnt, auch mit der Untersuchung des Hausschwamms beschäftigt und war vor drei Jahren im Begriff, die Resultate derselben zu publiciren und in der allgemeinen deutschen Ausstellung auf dem Gebiete der Hygiene und des Rettungswesens in Berlin zu veranschaulichen, als die letztere damals vorzeitig vom Schicksal ereilt wurde. Durch mancherlei Zwischenfälle bedingt, musste die Publikation bis jetzt hinausgeschoben werden.

Schon früher haben Schacht, Fritzsche und andere mit diesem Gegenstande sich befasst und neuerdings, im Jahre 1879, hat einer unserer Schüler, Dr. Schauder[1]), eine Dissertation über den Haus-

---
[1]) Breslau 1879. Aus dem pflanzenphysiologischen Institut von Professor Dr. F. Cohn hervorgegangen.

schwamm geschrieben. Auch Herr Professor Hartig wendet in jüngster Zeit dem speziellen Studium dieses Pilzes seine volle Aufmerksamkeit zu. Der Hausschwamm, *Merulius lacrimans* Schum., gehört zu der ausgedehnten Familie der Hymenomyceten oder Hutpilze, welche fast alle unsere grösseren und grössten Pilze von reicher Formentwicklung umfasst. Die meisten gedeihen als Saprophyten, Fäulnissbewohner, auf Erde, welche von in Zersetzung befindlichen organischen Stoffen durchsetzt ist, einige wachsen auch als echte Parasiten auf lebenden Pflanzen. Die Hymenomyceten bilden einen wirklichen Fruchtkörper, an dessen freier Oberfläche auf besonderen Trägern meist je vier Sporen abgeschnürt werden. Der Gattungsname *Merulius* bezieht sich auf die amselartige Färbung des Pilzes, der Artname *lacrimans* auf die thränenähnlichen Feuchtigkeitsabsonderungen des Fruchtlagers, welche in Tropfen austreten.

Die Kenntniss des Hausschwamms ist nicht weit über 100 Jahre zurückzuverfolgen und daher erscheint die Annahme nicht unwahrscheinlich, dass er ursprünglich in unseren Gegenden nicht einheimisch gewesen ist. Leider hat seine Verbreitung, namentlich in den letzten Decennien, eine immer grössere Ausdehnung gewonnen und ist jetzt eine allgemeine geworden. Es giebt kaum eine Stadt, welche von ihm verschont geblieben ist und an vielen Orten tritt er in wahrhaft erschreckender Weise epidemisch auf. In Breslau sind, wie schon erwähnt, die von ihm angerichteten Verheerungen zu einer öffentlichen Calamität geworden! Diese betrübende Thatsache hat uns zu einem erneuten eifrigen Studium seiner Naturgeschichte und zu einer ernsten Prüfung seiner Lebensbedingungen veranlasst, auf Grund deren wir nachstehend die Mittel zu seiner Einschränkung und Vernichtung in Vorschlag bringen.

Vorkommen und Verbreitung des Hausschwamms.

Es ist eine ebenso auffallende, wie beachtenswerthe Erscheinung, dass der Hausschwamm bislang weder am lebenden noch am abgestorbenen Holze im Walde beobachtet worden ist. Wenn einige Autoren behaupten, dass er in Wäldern vorkomme, so beruht diese Angabe wohl auf einer Verwechslung mit den beiden verwandten Arten *Merulius aureus* Fr. und *Merulius tremellosus* Schrad. Gleich unseren Culturgewächsen gehört der Hausschwamm zu den nirgends wild anzutreffenden Pflanzen, er hat, wie viele derselben, gewissermassen seinen Heimathschein verloren. Es ist daher ein schwerer Irrthum, zu glauben, dass der Baum, welcher die Balken lieferte, schon von Hausschwamm inficirt sei; dieser gedeiht vielmehr lediglich in unseren Wohn- und Wirthschaftsräumen, in Bergwerken, Schiffen und anderen Bauten, wenn irgend die Bedingungen für seine Existenz vorhanden und erfüllt sind. Der Keimungsprocess der Sporen und die weitere Entwicklung des Mycels ist im Wesentlichen an Feuchtigkeit, Licht- und Luftmangel und den geeigneten Nährboden gebunden. Er zeigt sich daher vorzugsweise in Kellern und dumpfen, nicht gelüfteten oder schlecht ventilirten Räumen. In solchen feuchten Räumen steigt sein Mycel, die Ziegel durchsetzend und auflockernd, auch bis in die mittleren und oberen Stockwerke hinauf und dringt heimlich und schnell in die Balken und Dielen vor, um von hier aus auf das Mobiliar, Schränke, Holzverkleidungen, die Leinwand von Oelgemälden etc. sich zu verbreiten. Mir sind aus Breslau und anderen Städten Fälle bekannt geworden, in denen der Pilz vom Souterrain bis in den Dachstuhl schonungslos das ganze Holzwerk angegriffen und zerstört hatte.

Leider ist auch unser stattliches Provinzial-Museum, zu dessen Begründung ich 1866 als der Führer einer Deputation der angesehensten Vertreter der Stadt und Provinz die Ehre hatte, Seiner Majestät huldreiche Beihilfe zu erbitten, von dem heimtückischen Feind nicht verschont geblieben, vielmehr schien derselbe dort festen Fuss gefasst zu haben. Im Jahre 1882 glaubte man diesen Bau, welcher der Provinz und Stadt zur höchsten Zierde gereicht, durch umfassende Reparaturen des Souterrains vom Hausschwamm gründlich befreit zu haben, allein im Jahre 1884 ist er bereits wieder im Bildhauer-Atelier und den anstossenden Räumen in üppigster Vegetation in dichten Mycelfäden, welche hier in einer verschalten Zwischenwand fast die Höhe des 37 Fuss hohen Ateliers erreichten, zum Vorschein gekommen [1]).

Der Pilz liebt die Dunkelheit, er beginnt unter den Dielen seine verderbenschwangere Laufbahn, dort, wo das Holz ganz von feuchtem Mauerwerk umgeben ist, greift er es an, immer wächst er von unten

---

[1]) Nach den neuesten Mittheilungen der Provinzial-Verwaltung scheinen die jetzt ergriffenen zweckmässigen Massregeln die vollständige Beseitigung des Hausschwamms in den Räumen des Museums zur Folge gehabt zu haben.

nach oben, von innen nach aussen. Da er Trockenheit nicht verträgt, so zeigt die oberste, wenige Millimeter starke, dem ständigen Luftwechsel ausgesetzte Schicht des Holzes wenig oder gar keine Veränderung. Desbalb gewahrt das Auge den Zerstörer nicht früher, als bis eines Tages die scheinbar unversehrte Dielung zusammenbricht, die Täfelung von der Decke stürzt, die Balken ihre Tragfähigkeit verlieren.

Wenn wir das statistische Material überblicken, welches das Auftreten des Hausschwamms betrifft, so können wir uns der Thatsache nicht verschliessen, dass gerade die neuen und neuesten, kaum fertig gestellten öffentlichen und privaten Bauwerke ihm zum Opfer fallen, während ältere Häuser grösstentheils verschont bleiben. Zwar liegen auch eine Anzahl Fälle vor, dass solche Gebäude, welche ein oder mehrere Decennien hindurch unbehelligt geblieben waren, plötzlich vom Schwamm ergriffen wurden, jedoch geschah dies fast immer nach Ausführung von Reparaturen. Man kann daher annehmen, dass in diesen Fällen das neu eingefügte Holz den Pilz enthalten und das alte Holzwerk inficirt habe. Nicht allein die vegetativen Theile des Pilzes, sondern mehr noch sein Samen, die sogenannten Sporen, tragen wesentlich zu seiner Verbreitung bei. Denn noch immer wirft man das bei baulichen Reparaturen herausgeschaffte, schwammhaltige Holz sorglos zusammen, statt es schleunigst zu verbrennen, und setzt dadurch die ganze Umgebung der Gefahr der Ansteckung aus. Noch immer trägt man den alten Bauschutt aus einem Hause in das andere, um ihn zur Ausfüllung der Zwischenräume in der Balken- und Dielenlage zu verwenden und giebt hierdurch in unbesonnener Weise jeden Neubau der Gefahr der Verwüstung durch den Hausschwamm Preis. Auch noch eine andere Möglichkeit seiner Verbreitung durch Sporen ist vorhanden, worauf Professor Hartig zuerst aufmerksam gemacht hat. Dasselbe Handwerkszeug, mit welchem die Zimmerleute heute vom Schwamm inficirtes Holz zersägen und zerschlagen, wird ohne besondere Reinigung morgen in einem Neubau benützt und dieselben Kleidungsstücke, welche dort auf den Fruchtkörpern des *Merulius* gelegen haben, werden auch hier getragen. Es leuchtet ein, dass durch diese Unvorsichtigkeit Tausende von Sporen in einem Neubau ausgesäet werden und unter günstigen Bedingungen zur Entwicklung gelangen können, und dass daher die ausführenden Handwerker Seitens der Baumeister, bezw. der Bau-Unternehmer zur grössten Vorsicht anzuhalten sind.

Wie die Pilze im Allgemeinen in der Wahl ihrer Nahrung wählerisch sind, so bevorzugt der *Merulius* das Nadelholz als Substrat, wenn er nicht ausschliesslich zunächst auf ihm sich entwickelt. Jedenfalls liegen keine sicheren Beobachtungen vor, dass er auf Eichen und anderen Laubhölzern sich zuerst entwickelt habe, wohl aber ist es zweifellos, dass er auf seinem Zerstörungswege auch Eichenholz nicht verschont. Im hiesigen Museum waren in der Abtheilung für schlesische Alterthümer mit der kiefernen Dielung auch die Lager von Eichenholz stark angegriffen.

Herr Zimmermeister Gebbert in Konitz in Westpreussen, welcher in neuerer Zeit vom praktischen Gesichtspunkt aus sich mit der Hausschwammfrage beschäftigt, schreibt uns, dass der Pilz unter den eichenen Fussböden der beiden Wartesäle des zehn Jahre alten Empfangsgebäudes auf dem dortigen Bahnhof zur Entwicklung gelangt ist. Als derselbe sich vor zwei Jahren in einer Ecke am Paneel zeigte, wurden die zerstörten Theile desselben, sowie eine Thürbekleidung ergänzt, während man es unterliess, den eigentlichen Verbreitungsheerd aufzusuchen. In Folge dessen hatte sich der Schwamm über den grössten Theil der beiden Säle ausgebreitet, so dass die Fussböden aufgerissen und neu gelegt werden mussten. Dabei machte Herr Gebbert die Beobachtung, dass der Pilz die kiefernen Lager gänzlich zerstört hatte, wogegen der eichene Belag nur vom Schwamm ergriffen war.

Hieraus möchten wir einerseits den Schluss ziehen, dass, wie im hiesigen Museum, der *Merulius* sich zunächst im Kiefernholz entwickelt und aus demselben seine Nahrung gezogen und sein Mycelium in der weiteren Entwicklung und Verbreitung sich gleichsam nur mechanisch an das Eichenholz angelehnt hat, oder wenigstens, wie dies aus der Praxis bekannt ist, das Eichenholz sich als weit widerstandsfähiger gegen die Angriffe des Hausschwamms verhält. In ähnlicher Weise klettert er, vom Kiefernholz ausgehend, auf seinen Verheerungszügen am Mauerwerk in die Höhe bis zur nächsten Balkenlage, überzieht er Papier, Leder, Glas, Oelgemälde etc., überhaupt alle Gegenstände, welche ihm im Wege liegen, worauf wir später noch zurückkommen werden.

Um hier aus Breslau nur einige Beispiele für die Kapitalwerthe anzuführen, welche die zerstörende Arbeit des Hausschwamms vernichtet, erinnere ich an die Mittheilungen, welche der Geheime Sanitäts-Rath Dr. Grätzer bei Gelegenheit meines Vortrags „über den Häuserschwamm und dessen Bekämpfung" in der hygienischen Sektion der schlesischen Gesellschaft für vaterländische Cultur am 21. April 1876[1]) machte und welche ich wortgetreu hier folgen lasse.

„Das in den Jahren 1836/37 erbaute Fränkel'sche Hospital auf der Antonienstrasse wurde in den ersten Jahren nach seiner Fertigstellung noch nicht belegt, sondern zur Aufbewahrung von Wolle verwendet. Nach drei Jahren zeigte es sich, dass der *Merulius lacrimans* das Gebäude ergriffen hatte und sein Zerstörungswerk an Thüren, Fenstern und Balken des Hauses bereits in sehr umfassender Weise fortgeschritten war, selbst die Ziegeln waren theilweise morsch geworden. Baurath Zahn übernahm die Instandsetzung des Gebäudes. Kohlenschutt wurde anstatt des Bodens als Ausfüllmaterial benutzt, Dielen und Balken wurden bestrichen. Zwei Jahre darauf musste man die Erfahrung machen, dass alle Vorsichtsmassregeln fruchtlos geblieben waren, die Pilzkrankheit war aufs Neue ausgebrochen und hatte in kurzer Zeit so rapide Fortschritte gemacht, dass ernsthaft der Gedanke erwogen wurde, das Haus niederzureissen und — was die Mittel des Stifters erlaubten —, durch ein neues zu ersetzen. Man entschloss sich endlich, dem Oberbaurath Buttel aus Mecklenburg, welcher dort bereits etwa 30 auf moorigen Boden errichtete und dem Häuserschwamm verfallene Gebäude gerettet, die Restauration des bedrohten Stiftungshauses zu übertragen. Die Kosten der Instandsetzung wurden auf etwa 15000 Thaler veranschlagt. Die wesentlichsten Aenderungen des Oberbaurath Buttel bestanden darin, dass er eine vollkommene Isolirung der Holzlagen bewirkte, jeder Balken wurde auf einer Metallplatte aufgeführt, sämmtliche Balken wurden getheert, an Stelle des sonst gebräuchlichen Kalks wurde Cement zum Mauern verwendet. Das Gebäude wurde vollständig erhalten; seit 1847, also seit nahezu 30 Jahren ist auch nicht die geringste Spur des Wiederausbruchs der Pilzkrankheit wahrnehmbar gewesen. Die durch beide Reparaturen erwachsenen Kosten beliefen sich freilich auf etwa 20000 Thaler, d. h. auf nahezu den gesammten Betrag, welchen die ursprüngliche Herstellung gekostet hatte."

---

[1]) Berichte der Schlesischen Gesellschaft 1876.

In dem früheren Graf Henckel'schen Palais hatte der Pilz das ganze Erdgeschoss derart verheert, dass sämmtliche Fussböden erneuert werden mussten. Das gleiche Schicksal hatte das Gebäude auf der Liebichshöhe und wie bereits wiederholt erwähnt, das Erdgeschoss unseres Museums im östlichen und nördlichen Flügel. In einer ganzen Anzahl neuerbauter Privat-Gebäude wuchert er in den unteren Stockwerken. Es lässt sich leicht ermessen, welche Kapitalien in dem Kampf mit diesem heimtückischen und gefährlichen Feinde verschwinden!

Entwicklung des Pilzes.

Wie bei allen Pilzen, so haben wir auch beim Hausschwamm zwei verschiedene Stadien zu unterscheiden: in dem ersten Zustande des Myceliums nimmt derselbe lediglich eine grosse Masse Nahrung in sich auf und assimilirt dieselbe, während er in dem zweiten Zustande der Fruchtbildung ausschliesslich der Fortpflanzung obliegt.

Das Mycelium besteht aus zarten, dünnwandigen Fäden oder Hyphen, deren Spitze angeschwollen ist und von einem dichten granulösen Inhalte erfüllt wird. In denselben treten häufig Querwände auf, unterhalb welcher hier und da durch Ausstülpung der Zellhaut Nebenäste und Schnallen entstehen. Die mit letzterem Namen belegten Bildungen gehen in der Weise vor sich, dass die Zelle unter einer Scheidewand sich ausstülpt, an die obere Nachbarzelle sich anlegt und oft nach erfolgter Resorption der trennenden Wand mit jener anastomosirt. Diese Hyphen, welche nur eine Stärke von 2 bis 7 Tausendstel eines Millimeters erreichen, verbreiten sich zunächst in ihrer dünnfädigen Gestalt im Inneren des Holzkörpers gleichwie das zarteste Spinngewebe. Später treten sie in reichlicher Verzweigung und Verflechtung auf Spalten und Flächen, welche dem Licht abgewendet sind, nach aussen und nehmen hier eine mannigfache Form an. Am häufigsten vereinigen sie sich zu Häuten und Lappen von einigen Centimetern Dicke und mehr als 1 m. Durchmesser, welche nur stellenweise mit dem Substrat in Verbindung stehen und deshalb von demselben leicht abgelöst werden können. Die Struktur dieser Gebilde zeigt gewöhnlich eine radiale und eine concentrische Differenzirung; während erstere durch die von einem gemeinsamen Mittelpunkte ausgehenden Hyphen verursacht wird, ist letztere auf eine häufigere Verzweigung derselben zurückzuführen, welche wohl mit den wechselnden Feuchtigkeits- und Ernährungsverhältnissen zusammenhängt. Bei dieser Ausbildung erhält der Pilz durch engere Verbindung der Mycelfäden ein netzartiges Aussehen mit verschieden grossen Maschen. Ferner kommen auch Büschel und flockige Massen vor, welche kaum conservirt werden können und schon bei der leisesten Berührung zerfallen.

Das Mycelium ist fast immer von schneeweisser Farbe, wenngleich die einzelne Hyphe vollkommen farblos erscheint. Indessen geht jene auch ins Gelbliche, Violette und in andere Farbentöne über. Das Mycel des Hausschwammes besitzt, ähnlich dem von *Polyporus vaporarius* Fr., noch eine andere Erscheinungsweise, welche an die Wurzelformen oder Rhizomorphen erinnert, welche besonders häufig an den Grubenhölzern der Bergwerke vorkommen und ehedem als selbständige Organismen angesehen und beschrieben worden sind. Durch innige Verflechtung der Hyphen entstehen nämlich kräftige Stränge von etwa 1 cm Dicke (Fig. 1. 2. a.), welche gleichwie die Wurzeln in immer dünner werdende Aeste sich auflösen und durch seitliche Verbindungen ein netzartiges Gebilde erzeugen, aus welchem dann wieder büschelige und flockige Massen hervorsprossen. Diese Stränge treten in den Fugen und Spalten des Holz- und Mauerwerkes heraus, schmiegen sich eng an dasselbe an und dringen energisch nach allen Richtungen, also auch nach oben solange vor, als die Bedingungen ihres Wachsthums erfüllt sind. Auf diese Weise kann eben der Verderben bringende Pilz aus dem Souterrain in das Parterre und von hier in die oberen Etagen schnell emporsteigen und aus der Mauer in das Holzwerk und in das Mobiliar überspringen. Falls er die zu seinem Vegetiren erforderliche Feuchtigkeit und Nahrung hier nicht mehr antrifft, so wird sie durch die Stränge aus tiefer gelegenen Schichten aufgesaugt und zugeführt. Gleich dem Wanderer in der Wüste führt der Pilz das Wasser, dessen er bedarf, mit sich und vermag sich längere Zeit ohne Wasserzufuhr aus seiner unmittelbaren Nähe zu erhalten. Daher kommt es, dass das Mycelium zuweilen auf einem Substrat erscheint, welches demselben wenig oder gar keine Nährstoffe abzugeben im Stande ist. Vor mehreren Jahren fand ich in dem Lagerraum des Herrn Glasermeister Schott an der Sandkirche in Breslau den Schwamm von dem durchsetzten Fussboden aus zwischen mehreren Glasplatten bis zur Höhe von mehr als einem halben Meter emporgewachsen. In der Mitte zog sich ein breites Band von verflochtenen dünneren Strängen nach oben hin, welche centrifugal sich auflösten und in feine Fäden ausliefen. Durch die Freundlichkeit des Besitzers erhielt ich ein instruktives Präparat zur Demonstration der Wachsthumsverhältnisse des Pilzes, welches noch gegenwärtig die Sammlungen des Botanischen Museums hiesiger Universität ziert. Ebenso ist das Mycelium auf alten Akten, Leinwand und Oelgemälden beobachtet worden, ja es giebt überhaupt kaum einen Gegenstand, welchen er auf seinem verheerenden Zuge verschonte.

Im Stadium der Fruchtbildung sucht das Mycelium das Licht und reichliche Zufuhr von Luft. Es drängt sich zwischen dem Holz- und Mauerwerk durch und entwickelt an seiner Oberfläche unter diesen günstigen Verhältnissen den Fruchtkörper (Fig. 1, 2, 5). Seine Bildung geht in der Weise vor sich, dass die weissflockige Masse stellenweise an Dichtigkeit und Festigkeit gewinnt und sanft nach aussen sich wölbt. So entstehen runde, saftige Polster, welche bei fortschreitender Entwickelung am Rande sich stärker erheben und mehr oder weniger die Form von Ringwällen annehmen. Die bislang glatte Oberfläche wird in verschiedenen Richtungen gefaltet und erhält ein charakteristisch netzartiges Aussehen. Zugleich ändert sich die Farbe der Oberfläche: anfangs schneeweiss, nimmt sie bald einen rosenrothen Ton an, welcher dann in allen Nuancen ins Purpurrothe und endlich ins Zimmtbraune übergeht. Einem kuchenartigen Gebilde nicht unähnlich, bietet so die Fruchtschicht einen der schönsten Anblicke dar, welchen die Pilzwelt zu gewähren vermag. Diese letzte Färbung wird von den Fortpflanzungsorganen, den sogenannten Sporen, erzeugt, welche in unglaublich grosser Zahl oft eine dicke Schicht bilden.

Nicht immer ist der Fruchtkörper kreisrund und scheibenförmig, zuweilen nimmt er eine halbellipsoidische oder eine halbkugelförmige, manchmal auch eine becherförmige Gestalt an. In letzterem Falle treten an der Innenfläche nicht selten warzenartige Erhöhungen zweiten Grades auf, welche sich gleichmässig mit dem Hauptpolster entwickeln. Übrigens gelangen die Fruchtkörper, wenn nicht ausschliesslich, so doch vorzugsweise im Sommer vom Mai bis August zur Ausbildung. Schacht vergleicht die eigenartige Oberfläche „mit der Reliefkarte vulkanischer Inseln, indem sie, sich allmählich erhebend, am Rande flach verlaufen und bei grösserer Ausdehnung an mehreren Orten, bei kleineren Polstern dagegen in der Mitte derselben kraterförmige Erhebungen bilden, die von mehreren concentrisch erhabenen Kreisen wallartig umgeben sind und ausserdem über die ganze Fläche unregelmässige, netzartige Hervorragungen zeigen."

Das Hymenium wird von einer braunen Flüssigkeit, gleichwie von Thauperlen benetzt, welche dem Pilz den Beinamen „Thränenschwamm" (lacrimans) gegeben haben. Eine ähnliche Erscheinung zeigen zuweilen die Mycelbüschel und ebenso ist auch in den Strängen eine dicke braune Flüssigkeit enthalten.

Wenn man einen Schnitt senkrecht durch den Fruchtkörper legt, kann man drei verschiedene Schichten im Gewebe desselben unterscheiden. Die unterste besteht aus nur sparsam mit Scheidewänden versehenen und wenig verästelten stärkeren Mycelfäden, welche nach allen Richtungen locker beisammen liegen. Im mittleren Theile sind dieselben bei horizontaler Anordnung innig mit einander verflochten und in der obersten Schicht steigen die Hyphen vertikal auf, schwellen an ihrem Ende keulig an und werden hier mit reichlichem Plasma erfüllt. Einzelne, besonders stark entwickelte Zellen (Basidien, Fig. 8) erheben sich über die benachbarten und treiben oben vier dünne Fortsätze (Sporenträger oder sterigmata), welche je eine Spore (Fig. 8. b.) abschnüren. Dieselbe hat etwa die Form eines Kugelausschnittes, dessen innere Kante zum Theil durch eine der Oberfläche concentrische Fläche ersetzt ist, weshalb Schauder sie in zutreffender Weise mit einem gespaltenen Apfelstück vergleicht, aus welchem man die Gehäuseschalen sammt den Kernen entfernt hat. Die Länge beträgt 0,01 mm und die Breite 0,006 mm, die Farbe der Spore ist hellbraun. Im Inneren derselben erscheinen einige gelblich-grüne Kügelchen, welche entweder Oeltropfen oder Vakuolen darstellen. Die Sporen werden mit Vehemenz von ihren Trägern nach allen Seiten fortgeschleudert und vermöge ihrer Leichtigkeit durch die Luft weiter geführt. Ich habe in unserem Schlesischen Provinzial-Museum durch die Aufstellung von Objectträgern mit Glycerin nachgewiesen, dass die Sporen nicht nur in den Parterre-Räumen der Alterthums-Abtheilung und in den Corridoren, sondern auch in den Maler- und Bildhauer-Ateliers reichlich vorhanden sind. Oft liegen sie auf dem Fussboden, auf den Geräthschaften und Modellen in Milliarden bei einander und bilden dichte Ueberzüge von zimmtbrauner Farbe, welche sich geradezu abkehren lassen. Durch diese erstaunliche Produktivität wird die Verbreitung des Pilzes wesentlich gefördert und die Gefahr der Inficirung liegt um so näher, wenn man bedenkt, dass eine einzige Spore im Stande ist, wieder ein Mycel nebst Fruchtkörper zu erzeugen. Mit der Sporenbildung erlischt zwar die Funktion des Hymeniums, aber der Pilz geht deshalb nicht ein, sondern wächst als Mycelium im Verborgenen weiter fort.

Die Keimung der Spore und somit die erste Entwickelung des Pilzes ist bis jetzt gänzlich unbekannt [1]). Diese Thatsache wirkt um so befremdender, als der Hausschwamm schon oft Gegenstand eingehender Beobachtungen und Forschungen Seitens ausgezeichneter Botaniker gewesen ist. Auch ich habe wiederholt Keimversuche angestellt und Andere dazu veranlasst, ohne dass je ein günstiges Resultat erzielt worden wäre. Die auf Fliesspapier, Holz oder anderem Substrat in einer feuchten Kammer oder auf mit einer Nährlösung benetztem Holz, stets unter Abschluss des Lichtes, ausgesäten Sporen blieben unverändert oder gingen an Schimmelbildung zu Grunde.

Einwirkung auf das Holz.

Da der Pilz bislang hauptsächlich nur in organischem Zusammenhange mit Nadelholz beobachtet worden ist, so beziehen sich die nachfolgenden Angaben lediglich hierauf. Das vom Hausschwamm befallene Holz ist, besonders in der Nähe eines Fruchtpolsters, an seiner Oberfläche und im Innern feucht. Nach völliger Zerstörung nimmt es eine braune Färbung an, verliert an Gewicht und wird rissig und mürbe, sodass es zwischen den Fingern leicht zerrieben werden kann. Hierdurch nähert es sich, gleichwie das von *Polyporus vaporarius* Fr. zersetzte Holz, in seinen physikalischen Eigenschaften dem unvollständig verkohlten Holze, wie es z. B. in unseren Meilern entsteht. Wenn man aus dem inficirten Holze mikroskopische Schnitte herstellt, so findet man in erster Linie die Markstrahlenzellen und die benachbarten Tracheïden mit Hyphen erfüllt. Daher ist anzunehmen, dass dieselben ursprünglich in die Zellen der Markstrahlen eindringen, sich hier verzweigen und unter reichlicherer Gliederung dann in die anliegenden Zellen übertreten. Sie wählen meist die natürlichen Communikationswege mittelst der Poren oder Tüpfel oder erzwingen sich durch

---

[1]) Vergl. die folgenden Abschnitte.

direkte Durchbohrung der Zellwände den Eintritt in die Nachbarzelle (Fig. 4). So lässt sich auf glücklich geführten Schnitten hier und da der Durchtritt der Mycelfäden durch die Zellwandung auch an ungetüpfelten Stellen derselben nachweisen. Der Pilzfaden durchzieht die Zelle, der Wandung derselben dicht angedrückt, und verursacht hierdurch Erosionserscheinungen, wie sie Hartig in gleicher Weise von *Polyporus*-Arten trefflich abbildet. Auf den Wandungen der Zellen entstehen durch diesen Zerstörungsprocess langgestreckte Rillen, welche sich auf Querschnitten des inficirten Holzes durch charakteristische abgerundete Einschnitte in die dicke Zellmembran kundthun, wie Fig. 7 zeigt.

Anders gestaltet sich das Bild, wenn man ein ganz ausgetrocknetes Holz untersucht, auf welchem der Schwamm bereits abgestorben ist. In diesem Falle findet man überhaupt keine Hyphen, obwohl aus der Färbung und sonstigen Beschaffenheit des Holzes geschlossen werden muss, dass ehedem solche vorhanden waren. Daher kann nur angenommen werden, dass dieselben aufgelöst worden sind.

Ebenso wie das an die Holzoberfläche tretende saftreiche Mycel eine Flüssigkeit ausscheidet, findet auch von den im Innern wuchernden Fäden aus die Absonderung eines Sekretes statt. Dasselbe greift die Wandungen der Holzzellen an und löst sie theilweise auf, wodurch sie bei mikroskopischer Betrachtung ein fremdartiges Aussehen erhalten. Indem diese Flüssigkeit weiter vordringt, unterliegen auch solche Zellen ihrer Einwirkung, welche gar keine Hyphen enthalten haben.

Der nächste Abschnitt soll das bringen, was bis jetzt über die chemischen Verhältnisse und Beziehungen des Hausschwamms zu seinem Substrat, dem Holz, ermittelt worden ist.

Die chemische Zusammensetzung des Hausschwamms und ihre Beziehung zu seinem Substrat.

Eine chemische Untersuchung des Hausschwamms war bis jetzt nicht bekannt. Ihre Ausführung war von Wichtigkeit, weil die Kenntniss seiner Bestandtheile und ihres chemischen Verhaltens Aufschluss versprach über die Wechselwirkung des Pilzes auf das Holz. Herr Professor Poleck wurde von mir zu dieser Arbeit veranlasst und die Untersuchung von ihm gemeinsam mit Herrn Apotheker Thümmel im pharmaceutischen Institut der Universität zu Breslau ausgeführt. Wir lassen ihren Bericht über die bisher gewonnenen Resultate hier folgen[1]).

Der Hausschwamm lebt zweifellos in derselben Weise auf Kosten der Holzsubstanz, wie alle Parasiten sich von ihrem Substrat ernähren. Wir sind im Augenblick nur im Besitz dieser Thatsachen, ohne den genetischen Zusammenhang im grossen Ganzen erklären, geschweige denn ohne diese Processe der Ernährung des Pilzes und der damit eng verbundenen Zerstörung des Holzes im Einzelnen verfolgen zu können. Wir wissen im Allgemeinen, dass die Pilze Zersetzungsprocesse organischer Substanzen veranlassen und in ihnen, oder vielmehr in deren Produkten den geeigneten Nährboden für ihre weitere Entwicklung finden. Wir wissen, dass sie in erster Linie die für den Thier- und Pflanzenorganismus so überaus wichtige Gruppe der Eiweisskörper in einfachere Verbindungen spalten und dass gerade diese, durch sie im lebenden Organismus veranlassten Processe eine Anzahl von Infektionskrankheiten charakterisiren, welche wir mit Sicherheit auf die Wirkungen mikroskopischer Pilze zurückführen können, jener in ihrem Bau einfachsten Organismen, auf die Bakterien in ihren verschiedenen Gattungen. Ueber die Natur ihrer Wirkung wissen wir kaum mehr, als dass ihre Eigenartigkeit die Verschiedenheit der Krankheitsprocesse, der Gährungs- und Fäulnisserscheinungen bedingt. Ob ihr Lebensprocess an sich den Zerfall der organischen Substanz ihres Substrats zur Folge hat, oder ob sie Fermente in sich erzeugen und ausscheiden, denen diese zersetzende Wirkung zugeschrieben werden muss, das wissen wir nicht, müssen es aber für sehr wahrscheinlich halten.

Wenn irgendwo, so treten grade bei den Pilzen die engen Beziehungen zwischen ihrem Vorkommen, ihrer Entwicklung, ihrem Gedeihen und der Beschaffenheit ihres Substrats klar hervor. Während die einen nur auf und in bestimmten lebenden Organismen gedeihen und in diesen verhängnissvolle Processe hervorrufen, welche unter Umständen zum Tode führen, siedeln sich andere nur auf todten, in Fäulniss befind-

---

[1]) Ein nicht unbeträchtlicher Theil der hier mitgetheilten Resultate, namentlich die gelungenen Culturen des *Merulius* aus Sporen, sind erst nach dem Tode des verewigten Geheimrath Göppert erhalten worden. Ihre Mittheilung durfte aber hier nicht unterbleiben, weil sie die Vorschläge zur Bekämpfung des Hausschwamms von neuen Gesichtspunkten aus beleuchten. Poleck.

lichen Organismen an und wieder andere auf unveränderten Theilen von abgestorbenen Organismen, welche sie dann erst durch ihre Entwicklung in ihrer Struktur und in ihrem Zusammenhang allmählich zerstören und in ihrer Zusammensetzung total verändern.

In diese letztere Kategorie gehört der Hausschwamm, welcher, wie bereits früher erwähnt, bis jetzt auf lebenden Bäumen nicht gefunden worden ist und höchst wahrscheinlich auch auf abgestorbenem Holze im Freien nicht vorkommt. Er siedelt sich auf gesundem Holz an, in erster Linie auf Holz von Coniferen, wie es zu unseren Bauzwecken verwandt wird, sobald die übrigen Bedingungen seiner Entwicklung, ausreichende Feuchtigkeit und Mangel an Luftwechsel und Licht gegeben sind. Er beginnt dann sein Zerstörungswerk, indem er, wie alle Pilze, von bereits assimilirter Nahrung lebt und daher die Substanz des Holzes angreift und sie in ihren Eigenschaften total verändert. Wir stehen auch hier bisher nur der nackten Thatsache gegenüber, ohne zu wissen, in welcher Weise der Pilz, durch welches Sekret er die Holzsubstanz auflockert, sie löst und sich assimilirt.

Die bisher chemisch untersuchten Pilze charakterisiren sich durch ihren grossen Reichthum an stickstoffhaltigen Substanzen und phosphorsauren Salzen, namentlich an Kalium-Phosphaten. Ihre mehr oder weniger rasche Entwicklung hängt von der Natur ihres Substrats ab, welches ihnen den Stickstoff und die Phosphorsäure liefern muss. Bei der Armuth des Coniferenholzes an stickstoffhaltigen Substanzen und Alkali-Phosphaten konnte man einigermassen darauf gespannt sein, ob die Zusammensetzung des Hausschwamms jener der anderen Pilze gleichen werde?

Die chemische Untersuchung der näheren Bestandtheile des Hausschwamms hat nun das Resultat ergeben, dass er in seiner Zusammensetzung die grösste Analogie mit anderen Pilzen besitzt, dass in ihm der gleiche Reichthum an stickstoffhaltigen Substanzen, an Fett und in noch höherem Grade an Alkali-Phosphaten vorhanden ist.

Es war zunächst Zweck unserer Untersuchung, diese näheren Bestandtheile des Pilzes und deren chemische Natur kennen zu lernen. Unter ihnen würde die Kenntniss und die Isolirung jener organischen Verbindungen vom höchsten Interesse gewesen sein, welche hier als Fermente die Zersetzung und Lösung und damit die Assimilirung der

Cellulose des Holzes bewirken. Der Nachweis derartiger Fermente ist, soweit uns bekannt, noch bei keinem Pilze gelungen. Man kennt unter ihren Bestandtheilen, neben ihrer eigenthümlichen Zellhaut, Säuren, Fette, Bitterstoffe, Harze, Alkaloide etc., dagegen die stickstoffhaltigen Bestandtheile nur sehr unvollkommen und jene, welche als Fermente wirken, noch gar nicht. Auch unsere Untersuchung des Hausschwamms giebt darüber noch keine nähere Auskunft, ebensowenig wie über die Natur des eigenthümlichen Geruchs, welcher die Anwesenheit des Pilzes in inficirten Räumen früher verräth, ehe ihn noch das Auge wahrnimmt. Wir haben überhaupt diesen Theil unserer Arbeit nicht zu Ende führen können, weil es uns an ausreichendem Material, namentlich an fruktificirendem Pilz, fehlte.

Dagegen waren wir überrascht, als wir in der Asche sowohl des Pilzmycels, wie seiner Sporenlager, grosse Quantitäten Phosphorsäure und Kalium, in dem letzteren neben geringen Mengen von Sulfaten und Chloriden fast 75 Prozent phosphorsaures Kalium fanden. Bei einem solchen Bedarf an phosphorsauren Salzen für seine Entwicklung lagen die Beziehungen des *Merulius* zu seinem Substrat auf der Hand, er konnte in der That nur aus dem Holz diesen Bedarf an Phosphaten ziehen. Da er gleichzeitig sich nur von bereits assimilirten Stoffen ernährt, so stand damit bei seinem hohen Stickstoffgehalt, 4,9 Prozent, die Zerstörung des Holzes in gradem Verhältniss. Wir erkannten bald, dass die Kenntniss der mineralischen Bestandtheile des *Merulius*, so wie jener des von ihm zerstörten und andererseits des von ihm noch nicht angegriffenen Holzes Aufschluss geben könne über die günstigsten Bedingungen, unter denen er sich entwickelt und seine Zerstörungszüge antritt. Wir nahmen daher sofort auch die Analyse der unverbrennlichen Bestandtheile des Pilzes und des von ihm ergriffenen, sowie des noch verschonten Holzes an demselben Stück in Angriff und dehnten unsere Untersuchung auch auf die mineralischen Bestandtheile von dem notorisch gesunden Holz einer Kiefer aus, welches im Winter und auf Kieferholz von einem Stamme, welcher Ende April, also im vollen Safte, gefällt worden war.

Unsere Untersuchungen haben nun nachstehende Resultate ergeben.

Der Hausschwamm ist, wie alle Pilze, sehr wasserreich. In verschiedenen Versuchen verlor sein Mycel mit Fruchtlagern durch Trocknen bei 110" C. 47,9%, 60%, und 68,4% Wasser. Er kommt aber entschieden mit noch grösserem Wassergehalt vor.

Der Hausschwamm enthält im frischen Zustande eine freie Säure oder einen sauer reagirenden Körper in geringer Menge. Er röthet schwach, aber deutlich blaues Lackmuspapier und dieselbe schwach saure Reaction besitzen auch die Tröpfchen, welche die Fruchtlager absondern. Der saure Körper geht in den alkoholischen Auszug über, wenn aber der Alkohol davon abdestillirt wird, dann verschwindet die saure Reaction und im Destillat kann Ammoniak nachgewiesen werden. Dieses Verhalten widerspricht der von einigen Seiten gemachten Annahme, als ob der Pilz saure Phosphate enthielte und diesen die Einwirkung auf das Holz zuzuschreiben wäre. Es konnte im weiteren Verlauf der Untersuchung keine freie Säure in nennenswerther Menge nachgewiesen werden.

Der Stickstoffgehalt wurde durch Verbrennen des Pilzes mit Natronkalk als Ammoniak bestimmt, er entsprach vollständig dem Stickstoffgehalt anderer Pilze und speziell jenem der Hymenomyceten.

Der bei 100" getrocknete *Merulius lacrimans* enthielt 4,9% Stickstoff, während

der Feuerschwamm (*Polyporus fomentarius*) 4,46% Stickstoff
der Reizker (*Lactarius deliciosus*) . . . 4,38% -
der Eierschwamm (*Agaricus Cantharellus*) 3,74% -
die Speisemorchel (*Morchella esculenta*) . . 5,63% -
die Trüffel (*Tuber cibarium*) . . . . 5,6—5,8% -
der Champignon (*Agaricus campestris*) . . 6,6% -
der Steinpilz (*Boletus edulis*) . . . . . 3,65% -

enthalten.

Nach dieser Zusammenstellung gehört der Pilz zu den an Stickstoffhaltigen Bestandtheilen reichen Pilzen. Durch Multiplikation mit dem bekannten Multiplikator 6,25 würde sein Stickstoffgehalt von 4,9% einem Gehalt von 30,6% Albuminstoffen entsprechen.

In seinem Gehalt an Fett, welches zum grössten Theil aus Glyceriden besteht, übertrifft er alle vorstehend genannten Pilze und wird hierin, wie es scheint, nur von dem Mutterkorn, dem unfruchtbaren Dauer-Mycel von *Claviceps purpurea* überragt.

Der bei 100° getrocknete Champignon enthält 2,35% Fett.
die Trüffel .... 1,70% -
die Morchel .... 2,40% -
der Steinpilz .... 1,95% -
der Reizker .... 6,71% -
der Hausschwamm . . 13,08% -
das Mutterkorn . bis 35,00% -

Als Bestandtheile des Hausschwamms wurden ferner nachgewiesen mehrere Säuren, ein Bitterstoff und die Andeutung eines Alkaloids, welches mit Phosphor-Molybdänsäure und Jodlösung Niederschläge giebt. Mannit und Zucker konnten nicht aufgefunden werden.

Die chemische Untersuchung dieser näheren Bestandtheile des Pilzes ist, wie bereits erwähnt, noch nicht beendet. Wir behalten uns die Fortsetzung derselben vor, glauben aber, dass ihre definitiven Resultate für die Erklärung der Wirkung des Pilzes auf das Holz und für seine Vertilgung wahrscheinlich weniger bedeutsam sein werden, als es die zum relativen Abschluss gebrachte Kenntniss der mineralischen Bestandtheile des Hausschwamms bereits geworden ist.

Die Bestimmung der unverbrennlichen Bestandtheile des bei 110° getrockneten Pilzes, seiner Asche, ergab die hohen Beträge von 7,4%, 8,32%, 9,66% und 6,33%, entsprechend dem Aschengehalt von cr. 6—9% der vorstehend aufgeführten essbaren Pilze.

In der Asche selbst wurden nachgewiesen: Kalium, Natrium, Calcium, Magnesium, Eisen, Mangan, Chlor, Schwefelsäure, Phosphorsäure, Kohlensäure und Kieselsäure, also dieselben mineralischen Bestandtheile, denen wir in der Asche anderer Vegetabilien begegnen, nur treten sie hier in einem wesentlich anderen Verhältnisse auf, da der Gehalt an Kalium und Phosphorsäure die Menge der übrigen Bestandtheile bedeutend überragt.

Die Untersuchungsobjekte für die Analysen der Asche wurden mit besonderer Berücksichtigung der Vegetations-Verhältnisse des Pilzes ausgewählt und zwar zunächst Hausschwamm, welcher sich von der, dem Licht zugekehrten Seite starker Holzbohlen bereits mit vereinzelten Sporenlagern entwickelt hatte (No. 2), ferner Pilzmycel von der Innen-, dem Licht abgewandten Seite der Bohlen ohne Sporenlager (No. 1) und endlich ein Stück von einem, einen halben Quadratmeter grossem Sporenlager (No. 3).

Um nun die Beziehungen zwischen den mineralischen Bestandtheilen des gesunden, des vom Schwamm inficirten und endlich des von ihm bereits vollständig in seiner Struktur veränderten, bzw. zerstörten Holzes kennen zu lernen, wurden nachstehende Hölzer verascht und die Asche analysirt:

No. 4. Gesundes, im Winter geschlagenes Holz einer Kiefer ohne Rinde.
- 5. Gesundes, im April geschlagenes Holz einer Kiefer ohne Rinde.
- 6. Das obere Ende einer kiefernen Bohle, welche an ihrem unteren Ende vom Pilz zum Theil zerstört, aber auch in ihrem scheinbar gesunden Theile von Pilzfäden durchzogen war, wie fast jeder Querschnitt unter dem Mikroskop erkennen liess.
7. Theile desselben Holzes vom unteren Ende, welches zum grössten Theil vom Pilz zerstört war.
- 8. Durch Pilz scheinbar völlig zerstörtes Holz von einer anderen Lokalität.
- 9. Durch Pilz völlig zerstörtes Holz aus dem Erdgeschoss der Liebichshöhe in Breslau.

Alle Analysen wurden nach denselben bekannten Methoden ausgeführt. Es versteht sich von selbst, dass die Untersuchungsobjekte vorher sorgfältig gereinigt und namentlich von etwa anhaftendem Mörtel oder Sand auf das Peinlichste befreit worden waren. In dem in Säuren unlöslichen Theil wurde die Kieselsäure stets durch Lösen in Natriumcarbonat bestimmt und der darin unlösliche Antheil von der Gesammtasche in Abzug gebracht. Es beziehen sich also alle Zahlen auf diese Reinasche.

Was die Darstellung der Resultate der Analyse anlangt, so zogen wir es vor, hier in dieser Schrift die einzelnen Bestandtheile als Salze zu berechnen, weil nur so die charakteristischen Unterschiede in der Zusammensetzung der Aschen der verschiedenen Untersuchungsobjekte klar hervortreten. Die Anordnung zu Salzen ist die herkömmliche Die wässrigen Lösungen der Aschen reagirten sämmtlich alkalisch und jene von No. 2 enthielt Kieselsäure.

22

In 100 Theilen Reinasche sind enthalten:

	Asche von Merulius lacrimans			Asche von gesundem und vom Hausschwamm inficirten, sowie von zerstörtem Stammholz ohne Rinde von Pinus silvestris.					
	1. Pilz-Mycel ohne Sporenlager von der unteren Lichtseite einer faulen Diele, faserig.	2. Pilz-Mycel von der oberen, dem Licht zugekehrten Seite des Holzes mit Sporenlagern.	3. Von einem ½ Quadratmeter grossem Sporenlager.	4. Gesundes Holz im Winter geschlagen.	5. Gesundes Holz Ende April 1881 geschlagen.	6. Scheinbar gesundes Holz von einer Bohle, mit Pilzhyphen vom Pilz durchzogen, fast zerstört.	7. Dasselbe scheinbar gesunde Holz wie 6, an der unteren Seite vom Pilz zerstört.	8. Durch Pilz völlig scheinbar zerstörtes Holz.	9. Durch Pilz völlig zerstörtes Holz von einer anderen Localität.
Aschengehalt d. b. 110° getrockn. Substanz	6,33%	8,32%	9,66%	0,19%	0,22%	0,24%	1,19%	1,48%	1,56%
In Wasser lösliche Bestandtheile der Asche	17,40%	79,40%	88,60%	7,89%	24,08%	38,92%	34,04%	28,87%	14,94%
Chlorkalium KCl	1,97	2,36	3,27	0,14	0,11	1,00	1,28	1,91	—
Chlornatrium $NaCl$	0,45	2,39	3,03	5,97	6,07	6,92	6,21	7,98	0,48
Kaliumsulfat K_2SO_4	10,17	17,85	5,72	—	—	—	—	—	4,77
Natriumsulfat Na_2SO_4	—	—	—	0,59	—	5,55	—	—	3,61
Kalium Carbonat K_2CO_3	—	1,59	1,89	—	2,34	15,56	20,47	10,58	—
Natrium Carbonat Na_2CO_3	—	—	—	—	—	25,45	6,08	8,40	6,06
Kalium Silicat K_4SiO_4	4,51	2,58	—	—	—	—	—	—	—
Kalium Phosphat K_3PO_4	24,16	45,65	74,69	1,19	9,53	—	10,70	9,92	4,48
Calcium Phosphat $Ca_3P_2O_8$	50,34	6,68	—	73,28	47,07	32,95	42,90	42,84	63,22
Eisen Phosphat $Fe_2P_2O_8$	2,90	7,88	0,62	11,61	8,50	9,38	7,70	2,25	5,32
Calcium Carbonat $CaCO_3$	—	1,21	Spuren	3,50	6,31	8,30	6,21	15,85	6,44
Magnesium Carbonat $MgCO_3$	3,11	1,29	4,04	0,64	1,02	2,22	0,20	3,02	5,71
Eisenoxyd Fe_2O_3	—	—	—	3,06	3,46	—	—	—	—
Manganoxyduloxyd Mn_3O_4	3,53	0,13	Spuren	—	—	—	—	2,64	2,60
Kieselsäure	Spuren	2,70	4,05	—	—	—	—	—	—
Summe der Bestandtheile	101,44	99,31	97,31	99,98	99,97	102,47	100,97	99,95	99,18
Gehalt an Kalium K	8,18	40,68	46,56	2,67	11,57	17,49	14,35	9,58	2,39
Gehalt an Phosphorsäure PO_4	48,50	29,23	33,47	0,76	5,85	6,56	6,09	1,73	0,60

Die Analysen lassen bezüglich der mineralischen Bestandtheile des Hausschwamms interessante Verhältnisse erkennen.

Es ist jedenfalls sehr bemerkenswerth, dass in dem unfruchtbaren Mycel fast ausschliesslich unlösliche Phosphate, Eisen und Calcium-Phosphate aufgespeichert sind, während diese in den Sporenlagern fehlen, dafür aber hier enorme Quantitäten von Kalium-Phosphaten auftreten. Im Kaliumgehalt übertrifft der Hausschwamm fast alle anderen Pilze, so enthält z. B.

   der Steinpilz . . . . . . 42,1% Kalium
   die Trüffel . . . . . . 46,4% «
   der Champignon . . . . . 38,0% :
   die Morchel . . . . . . 42,1% :
   der Hausschwamm . . . . 46,5% :

während
   der Steinpilz . . 26,9% Phosphorsäure PO_4.
   die Trüffel . . 41,3% : :
   der Champignon . 11,0% : «
   die Morchel . . 50,5% « :
unfruchtbares Mycel des Hausschwamms 48,5% : :
Mycel mit Sporenlagern des Hausschwamms 29,2% - :
 Sporenlager des Hausschwamms 33,5% : :

enthält, und der Aschengehalt dieser Pilze überhaupt beträgt
   im Steinpilz . . 6,09%.
   in der Trüffel . . 9,64%.
   im Champignon . 5,30%.
   in der Morchel . 9,72%.
 im unfruchtbaren Mycel des Hausschwamms 6,33%.
 im Mycel mit Sporenlagern . . . . . . 8,32%.
 im Sporenlager desselben . . . . . . 9,66%.

Von den übrigen mineralischen Bestandtheilen des Hausschwamms fällt noch der relativ grosse Gehalt an Kaliumsulfat im unfruchtbaren und dem bereits im Anfang der Sporenbildung stehenden Mycel auf, welches letztere auch grössere Quantitäten von Chlorkalium aufzuweisen hat.

Bei der Vergleichung der mineralischen Bestandtheile des Hausschwamms mit jenen seines Substrats, des von uns untersuchten Holzes in Beziehung auf den Aschen-, Kalium- und Phosphorsäure-Gehalt, tritt zunächst die bemerkenswerthe Thatsache hervor, dass der Gehalt des Pilzes an mineralischen Bestandtheilen er. 50 mal grösser ist als jener des Winterholzes und 44 mal bedeutender als jener des im April gefällten Holzes. Aber weit auffallender gestalten sich diese Unterschiede, wenn wir die beiden wichtigsten hier in Betracht kommenden Bestandtheile, die Phosphorsäure und das Kalium mit einander vergleichen. Bei gleichen Gewichten des *Merulius* und des gesunden Holzes enthält der erstere 3200 mal mehr Phosphorsäure als das Winterholz und nur 248 mal mehr als das Sommerholz, während der Kaliumgehalt in beiden Fällen sich wie 900 : 180 verhält. Der Phosphorsäure- und Kaliumgehalt des scheinbar gesunden Holzes (No. 6), unterscheidet sich kaum von jenem des zum Theil zerstörten Holzes desselben Stücks (No. 7), doch ist dabei nicht zu übersehen, dass bei der mikroskopischen Untersuchung dieses anscheinend gesunde Holz von Pilzhyphen durchzogen war, welche nicht an die Oberfläche traten, aber nach allen Richtungen hin zwischen den Gefässen sich verzweigten und dieselben an vielen Stellen, namentlich an den Tüpfeln, durchbohrten. Ihre mineralischen Bestandtheile addirten sich zu jenen des Holzes und ihre Anwesenheit sprach sich auch darin aus, dass analog der Analyse des Mycels (No. 1) die Phosphorsäure hier ausschliesslich als unlösliches Kalksalz vorhanden war. Auch in dem scheinbar völlig zerstörten Holz (No. 8) befanden sich noch Hyphen, während in dem völlig zerstörten Holz (No. 9) sich Hyphen nicht mehr nachweisen liessen, sie waren bei dem Weiterwandern des Pilzes wieder resorbirt worden, hatten aber ihre mineralischen Bestandtheile zum Theil zurückgelassen, wie aus der Vermehrung des in Wasser unlöslichen Theils der betreffenden Asche hervorgeht.

Es ist endlich noch die bemerkenswerthe Thatsache hervorzuheben, dass sowohl in der Asche des gesunden, wie in jener des durch den Schwamm inficirten und theilweise zerstörten Holzes die Phosphorsäure nur in Form von unlöslichen Phosphaten, als Calciumphosphat, enthalten war, während sie andererseits in den Sporenlagern des Pilzes nur als lösliches Kaliumphosphat und in dem fasrigen Mycel überwiegend in Form von unlöslichen Calcium- und Eisenphosphaten vorhanden war.

Es wurde der Versuch gemacht, auf zwei verschiedenen Wegen annähernd den Substanzverlust zu bestimmen, welchen das Holz durch die Einwirkung des Hausschwamms erfährt. Es wurden aus der Holzbohle (No. 6), deren Mitte vom Schwamm stark angegriffen, deren Enden aber unversehrt geblieben waren, zwei Stücke von völlig gleicher Länge, Breite und Dicke, das eine aus dem zerstörten, das andere aus dem gesunden Theile des Holzes herausgeschnitten. Beide Stücke wurden bei 100^0 während 30 Stunden getrocknet und nach dem Erkalten gewogen. Das gesunde Stück wog 57,35 gr., das kranke 45,34 gr. Der durch den Schwamm zerstörte Theil des letzteren wurde durch Abschaben sorgfältig entfernt und nun wog der festgebliebene Theil 36,27 gr., der zerstörte mithin 9,07 gr. Da angenommen werden konnte, dass das Holz vor seiner Veränderung durch den Hausschwamm an den Stellen, von denen beide Stücke genommen worden waren, eine gleiche Dichtigkeit besessen hatte, so berechnete sich aus den vorstehenden Daten der Substanzverlust des Holzes auf 57%.

Diese Berechnung wurde controlirt durch die Bestimmung des spezifischen Gewichts des gesunden Stückes und jenes, von welchem der vom Schwamm zerstörte, bezw. veränderte Theil des Holzes entfernt worden war. Das vom gesunden Stück verdrängte Wasser wog 125,48 gr., das vom kranken verdrängte 82,99 gr. Daraus berechnet sich ein Substanzverlust von 53,27%. In der Differenz der beiden Zahlen für den Substanzverlust spricht sich deutlich aus, dass auch der Rest des scheinbar gesunden Holzes, in welchem sich schon Pilzfäden befanden, ohne Aenderung seines Volumens einen Verlust von 3,75% erfahren hat. Selbstverständlich wird dieser Substanzverlust geringer oder grösser sein, je nach der Dauer der Einwirkung des Schwamms.

Wenn der Hausschwamm in derselben Weise auf Kosten der Holzsubstanz lebt, wie alle Parasiten sich von ihrem Substrat ernähren, so kann man unter Erwägung der durch die gegenwärtige Untersuchung bisher gewonnenen Resultate zu der Vorstellung kommen, dass die Wirkung des *Merulius* auf das Holz in erster Linie darin bestehe, dass er diesem die, zu seiner Entwicklung nothwendigen mineralischen Bestandtheile entzieht, dadurch seine Struktur auflockert und der weiteren Zersetzung zugänglich macht. Bei seinem Reichthum an Stickstoff, Fett und anderen kohlenstoffreichen Verbindungen, sowie an Phosphorsäure und Kalium und seinem rapiden Wachsthum einerseits, und andererseits bei der Armuth des Coniferenholzes an diesen Substanzen bedarf der Pilz zu seiner Ernährung verhältnissmässig grosser Quantitäten Holzsubstanz, welche er in noch nicht gekannter Weise verändert und dann jedenfalls direkt assimilirt. Der Pilz wandert weiter, wenn er die im Holz vorhandenen Mineralsubstanzen verbraucht hat, wozu die sogenannten Hexenringe in Waldlichtungen ein interessantes Analogon bieten. Je reicher das Holz an Phosphorsäure und Kalium sowie an Stickstoff ist, um so rascher wird die Entwicklung des Pilzes stattfinden. Es ist mehr als wahrscheinlich, dass ein solches Holz bei Gegenwart von Feuchtigkeit und Ausschluss des Lichtes der geeignetste Nährboden für die Keimung der Sporen und ihrer weiteren Entwicklung sein wird. Das Holz der im Saft gefällten Coniferen enthält aber 5 mal mehr Kalium und 8 mal mehr Phosphorsäure und ist reicher an Stickstoff, wie das im Winter gefällte Holz, seine Verwendung zu Bauten wird daher verhängnissvoll, wenn bei vorhandener Feuchtigkeit gleichzeitig Sporen des Hausschwamms in den Neubau gelangen. Nach Mittheilungen von gut informirter Seite wird aber thatsächlich in grossen Forstgebieten Bauholz im Frühjahr gefällt, weil dann die Rinde ungleich besser verwerthet werden kann.

Rechnet man hinzu, dass die in der Vegetations-Periode durch Windbruch gefällten Bäume nicht selten ebenfalls zu Bauholz verarbeitet werden und das von Osten her nach Deutschland eingeführte Bauholz bezüglich seiner Fällungszeit kaum eine Controle gestattet, so können wir hierin zweifellos eine der Ursachen der rapiden Ausbreitung des Hausschwamms sehen, welche sich jetzt gradezu zu einer öffentlichen Calamität gesteigert hat. Die Annahme erschien nicht zu gewagt, dass in normaler Winterzeit gefälltes Holz unter gleichen Bedingungen der Infection durch die Sporen des Hausschwamms kaum zugänglich sein würde, weil es ihnen einen ungleich weniger günstigen Keim- und Nährboden bietet. Hieraus würde sich auch erklären, warum der Pilz in alten Häusern verhältnissmässig selten vorkommt, weil deren Bauholz nicht unter dem Einfluss der gegenwärtigen Praxis gefällt ist.

Es ist uns aber gelungen, durch einen experimentellen Beweis diese Annahme zu unterstützen.

Unmittelbar nach dem Zeitpunkt, in welchem wir durch die in der vorstehenden Tabelle enthaltenen Aschenanalysen die Zusammensetzung der mineralischen Bestandtheile des Pilzes, sowie jene der Asche des normalen im Winter, wie jene des im April gefällten Holzes kennen gelernt hatten, versuchten wie die Cultur des Pilzes durch Sporen.

Ein Querschnitt des im Winter gefällten Holzes von bekanntem Gehalt an mineralischen Bestandtheilen (Analyse No 4) wurde in ein Gefäss gebracht, auf dessen Boden sich eine, wenige Millimeter hohe Wasserschicht befand. Auf die obere, mit Wasser angefeuchtete Seite dieses Querschnitts wurden Sporen des Hausschwamms in reichlicher Menge ausgesät und dann dass Gefäss wohl bedeckt in einem vollständig dunklen Raum, dessen Temperatur im Sommer und Winter nur innerhalb enger Grenzen schwankte, aufbewahrt. In derselben Weise wurde ein ca. 15 cm hoher Querschnitt von 21 cm Durchmesser des im April gefällten Holzes von ebenfalls bekanntem Gehalt an mineralischen Bestandtheilen (Analyse No. 5) in einen bedeckten Glascylinder gebracht, auf seiner Oberfläche mit Sporen reichlich besät und mit einer Glasplatte bedeckt an demselben dunklen Ort aufbewahrt. Dies geschah am 25. April 1884.

Das Stück vom Winterholz hat sich bis heute völlig unverändert erhalten. Wir fanden weder auf, noch in dem Holz keimende Sporen oder Pilzmycel, wohl aber waren erstere durch ihre Form und Farbe gut erkennbar, noch im unveränderten Zustande vorhanden. Ebensowenig haben sich bis jetzt, im Februar 1885, Schimmelpilze entwickelt.

Ganz anders gestalteten sich dagegen die Verhältnisse auf dem Querschnitt des im April gefällten Stammes. Während bis Ende des Jahres 1884 nur vereinzelte Colonien von Schimmelpilzen sichtbar geworden waren, machte sich im Anfang Januar 1885 stellenweise ein weisslicher Ueberzug bemerkbar, welcher endlich an einer Stelle deutlich von einem Ausgangspunkt aus (Tafel IV.) das charakteristische blendend weisse Mycel des *Merulius* in der bekannten fächerförmigen Ausbreitung erkennen liess. Gleichzeitig bildete sich am Ausgangspunkt desselben eine warzenförmige Erhebung von gelbbräunlicher Färbung, auch waren bereits einzelne Tröpfchen auf dem Mycel vorhanden.

Es wurde nun das Holz selbst untersucht und zwar an Stellen, an welchen das Mycel des Pilzes noch nicht auf der Oberfläche des Holzes deutlich sichtbar war. Ueberall fanden wir bei starker Vergrösserung das Holz von Hyphen durchzogen, welche die Gefässe namentlich an den Tüpfeln, aber auch noch an anderen Stellen in charakteristischer Weise durchbohrten, wie dies die nach der Natur gezeichneten mikroskopischen Schnitte f und g, übereinstimmend mit Figur 4 auf Tafel II., beweisen.

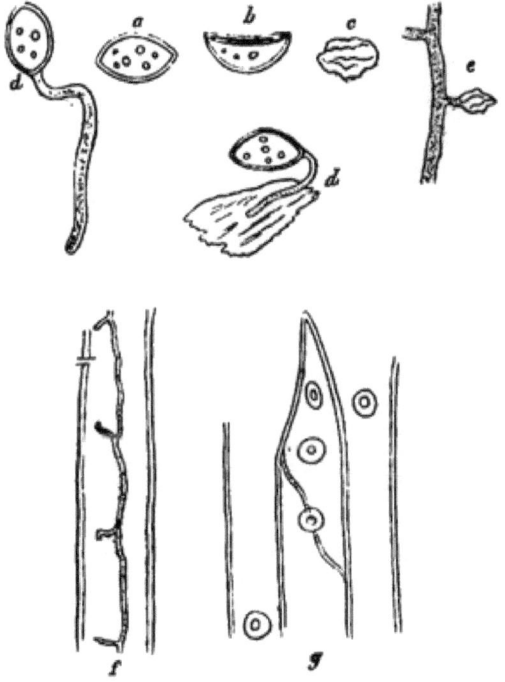

Fig. a und b. Sporen des *Merulius lacrimans*. c. Spore, welche den Sporenschlauch nach dem Keimen abgestossen hat. d. Keimende Sporen mit einfachem Keimschlauch. e. Bereits verästelter Keimschlauch mit zusammengeschrumpfter Spore. f. Pilzhyphen innerhalb der Gefässe von *Pinus silvestris*. g. Hyphe, welche ein Gefäss in der Tüpfel durchbohrt. Nach der Natur gezeichnet von Dr. Kassner.

Es gelang uns aber auch, in Gemeinschaft mit dem Assistenten am pharmaceutischen Institut Dr. Kassner, auf der Oberfläche des Holzes noch keimende Sporen, welche durch ihre eigenthümliche Gestalt, die doppelten Conturen, die schwachgelbliche Färbung wohl charakterisirt waren, in allen Stadien ihrer Entwicklung, im Zusammenhang sowohl mit einfachen, Fig. d, wie auch sich bereits verästelnden Keimschläuchen, Fig. e, zu entdecken. Auch unveränderte Sporen Figur a und b und dann wieder eine Anzahl Sporenhäute Fig. c waren noch vorhanden, welche nach Entwicklung ihrer Keimschläuche sich von diesen getrennt hatten und zusammengefallen waren, wie eine solche Spore in Fig. e noch an ihrem Keimschlauch sichtbar ist. An diesen Stellen war das Holz zum Theil auch bereits gelbbraun und zerreiblich geworden und das so veränderte Holz zeigte vollständig die von Dr. Schauder in seiner Dissertation „über den Hausschwamm" beschriebene mikroskopische Beschaffenheit. Es liessen sich Pilzfäden in ihm nicht nachweisen, während sie in seiner Umgebung zahlreich vorhanden waren.

Das ganze Stück Holz stellte das charakteristische Bild einer vollständigen Infection durch den Hausschwamm in allen Stadien seiner Entwicklung dar, von der keimenden Spore und den, das Holz nach allen Richtungen hin durchziehenden und seine Gefässe durchbohrenden Hyphen, Fig. f. g, bis zu der charakteristischen, fächerförmigen Ausbreitung des zarten, blendend weissen Myceliums, welches auch darin seine Identität mit dem *Merulius* nicht verläugnete, dass es äusserst empfindlich gegen Licht und Luftwechsel war. Da es bei seiner photographischen Aufnahme und bei seiner Demonstration in einer Sitzung der schlesischen Gesellschaft für vaterländische Cultur[1]) wiederholt dem Licht und der Luft ausgesetzt werden musste, so hat es seit dieser Zeit seine blendend weisse Farbe in ein schmutziges Weissgelb verändert und ist sichtlich zusammengeschrumpft.

Es sind dies die ersten gelungenen Versuche, die Sporen des *Merulius lacrimans* auf ihrem natürlichen Nährboden zum Keimen zu bringen und in ihrer weiteren Entwicklung zu verfolgen. Durch diese Parallel-Versuche mit Winter- und Sommerholz war der strikte Beweis geliefert, dass nur das im Saft gefüllte Holz als ein geeigneter Nährboden für die Keimung und weitere Entwicklung des Haus-

---

[1]) Diese Resultate wurden mit den Versuchs-Objekten bereits am 11. Februar 1885 der naturwissenschaftlichen Section der schlesischen Gesellschaft für vaterländische Cultur in Breslau vorgelegt.

schwamms gelten könne. Es waren hier zum erstenmal Sporen zur vollen Entwicklung gelangt unter Verhältnissen, wie wir sie auch bei der natürlichen Verbreitung des Hausschwamms annehmen müssen. Nicht dem Zufall, sondern der Erwägung, dass nur ein naturwüchsiger Nährboden mit möglichstem Reichthum an Phosphorsäure und Kalium Aussichten für die künstliche Züchtung des Hausschwamms eröffnen könne, und den, auf diese Erwägung basirten Versuchen sind diese günstigen Resultate zu danken.

Der ganze Verlauf dieses Versuchs lehrt, dass die Sporen des *Merulius* eine gewisse Zeit zu ihrer Keimung bedürfen, dann aber auch, wie dies zweifellos zu erwarten war, dass die auf die Oberfläche des Holzes fallenden Sporen zuerst ihre Schläuche in das Holz senden und dass hier schon eine bedeutende Infection stattgefunden hat, das Holz bis in ziemliche Tiefe von den Hyphen durchzogen und angegriffen ist, ehe das Mycel auf der Oberfläche des Holzes erscheint, wo es dann allerdings rasch fortwächst. Wahrscheinlich würden wir schon mehrere Monate vorher keimende Sporen und Pilzmycel im Innern des Holzstücks gefunden haben, wenn wir es für zweckmässig gehalten hätten, den Versuch vor dem Erscheinen des Mycels auf der Oberfläche des Holzes zu unterbrechen.

Schon vor 40 Iahren wurde hier in Breslau in einem Vortrage in der schlesischen Gesellschaft ausgesprochen, dass im Saft gefälltes Bauholz vorzugsweise zur Schwammbildung hinneige, ohne dass diese Ansicht, welche auch jetzt von einer Anzahl von Bau-Sachverständigen getheilt wird, unter Beweis gestellt wurde. Dieser erscheint jetzt in der That geführt. Die Sporen des Hausschwamms gelangen eben nur unter gewissen günstigen Bedingungen zur Keimung, und diese sind in derartigem Holze vorhanden, wenn gleichzeitig genügende Feuchtigkeit, Wärme und Ausschluss des Luftwechsels und des Lichts mitwirken. Hat sich aber einmal aus den Sporen das Mycel entwickelt, dann ergreift es von diesem natürlichen Nährboden aus auch jedes andere Holzwerk ohne Unterschied und setzt sein Zerstörungswerk auch an Tapeten, Leinwand, Büchern und Mauerwerk fort.

Wenn irgend wo, so tritt hier die Abhängigkeit der Entwicklung des Hausschwamms von dem Nährboden klar und zweifellos hervor, denn das andere Stück Coniferenholz blieb bei völlig gleicher Behandlung und in derselben Zeit völlig frei von jeder Schimmel- und Hausschwammbildung.

Ein wichtiger Fingerzeig für die richtige Auswahl des Holzes zu Bauten und die verhängnissvolle Wirkung des im Saft gefällten Holzes!

Der Hausschwamm in sanitärer Beziehung.

Bei dem verborgenen Wachsthum des Hausschwamms wird derselbe eher durch den Geruchssinn als vom Auge entdeckt. In allen Räumen, welche von diesem Pilz befallen sind, zumal in solchen, worin derselbe bereits in einem vorgeschrittenen Stadium sich befindet, macht sich ein dumpfer und penetranter Geruch bemerkbar. Durch diese Ausdünstung von flüchtigen Stoffen, deren chemische Natur leider noch nicht festgestellt werden konnte, wird die Atmosphäre dieser Räume erheblich verschlechtert und zum Einathmen ungeeignet. Directe Analysen der Luft aus engen Räumen mit bedeutenden Pilzwucherungen, welche Poleck ausführte, gaben keinen, die Mittelzahlen erheblich überschreitenden Gehalt an Kohlensäure.

Da, wo der *Merulius* zur Fruchtbildung gelangt, ist die Luft mit dessen Sporen völlig erfüllt, wie wir uns durch Aufstellen von Objektträgern in verschiedenen Punkten solcher Räume überzeugen konnten. Hieraus erklärt es sich, dass in vom Schwamm stark inficirten Wohnungen häufig Massenerkrankungen eintreten, welche durch die gleichzeitig in reichlichem Masse vorhandene Feuchtigkeit, sowie durch den in Kellerwohnungen oft hinzutretenden Mangel an Reinlichkeit noch gefördert werden. In erster Linie aber wirkt das Eindringen von Sporen in die zarten Luftwege reizend und kann hier leicht zu Affectionen der Schleimhäute des Gaumens und Rachens Veranlassung geben, sowie das Verschlucken derselben gastrisch-typhöse Erscheinungen hervorgerufen hat und schon der widrige Geruch genügt, um unter Umständen Kopfschmerzen, Schwindel und nervöse Zufälle herbeizuführen.

In jeder Beziehung lehrreich ist ein in der Vierteljahrsschrift für gerichtliche Medicin und öffentliche Gesundheitspflege [1]) von dem Kreisphysikus Dr. Ungefug in Darkehmen mitgetheilter Fall der Erkran-

---

[1]) Vierteljahrsschrift für gerichtliche Medicin und öffentliches Sanitätswesen von Dr. H. Eulenberg. Neue Folge Bd. XXVII. 1877.

kung einer ganzen Lehrerfamilie, sowie die gleichzeitige Besprechung analoger Erkrankungen aus früherer Zeit.

Am 26. Juli 1877 suchte der Lehrer B. aus Wikischken in Ostpreussen ärztliche Hilfe für seinen neun Jahr alten Sohn, am 5. August meldete er die Erkrankung seines zweiten, 16 Jahr alten Sohnes an und von diesem Tage bis zum 15. August erkrankten noch ein 14 und ein 7 Jahr alter Sohn und endlich seine Frau unter ganz analogen Krankheitserscheinungen, welche bei dem zuerst erkrankten Kinde einen bedenklichen typhösen Charakter annahmen. Das Erkranken hatte bei allen Patienten mit Mangel an Esslust, Durst, Hitze, trägem Stuhlgang, Husten begonnen und sich bei dem ersten Kranken bis zu heftigen Fieber-Phantasieen gesteigert, wobei auch Schwerhörigkeit eingetreten war.

Bei der Aufsuchung der Krankheitsursache ergab sich zunächst, dass die Erkrankten weder im Dorfe, noch in der Nachbarschaft mit contagiösen Kranken zusammen gekommen waren und contagiöse Krankheiten zur Zeit im Kreise überhaupt nicht vorhanden waren. Ebenso wenig bot das Trinkwasser oder die Ernährung der Erkrankten Anhaltspunkte für die Beurtheilung der Krankheitsursache. Dagegen fiel dem Arzt sofort ein widrig stockiger und modriger Geruch auf sowohl in der Schulstube, in welcher die drei älteren Knaben während der Ferien schliefen, wie auch in der Wohnstube und der Hinterstube des Lehrers. Ueberall fanden sich ausgebreitete üppige Wucherungen des Hausschwamms an den Wänden hinter den Möbeln und unter der Dielung vor. Auf allen Schulutensilien, namentlich in dem Schrank der Schulstube, an dessen Rückwand der Hausschwamm 60 cm hohe Wucherungen getrieben hatte, auf den Schulvorschriften, den Büchern, den Schulheften etc. lag ein röthlich gelber Staub in dicker Lage, dessen Identität mit den Sporen des *Merulius* durch das Mikroskop zweifellos festgestellt wurde. Ebenso zweifellos und in reichlicher Menge wurde die Anwesenheit dieser Sporen in dem Schleim und in dem ausgehusteten Auswurf aus den Lungen der am 5. August erkrankten Kinder noch am 22. August nachgewiesen. Bei der Entfernung der Dielung dieser Räume kamen massenhafte Vegetationen des Hausschwamms zum Vorschein, wobei gleichzeitig ein Arbeiter leicht erkrankte.

Dr. Ungefug reproducirt eine Mittheilung aus Hufeland's Journal der praktischen Heilkunde (Juniheft von 1826) über einen von Jahn in Güstrow beobachteten Fall, in welchem eine Frau mit ihren drei Kindern unter ganz analogen Erscheinungen erkrankte und später noch zwei Tischlerlehrlinge, welche die Dielung der betreffenden Wohnung aufgerissen und den massenhaft vorhandenen und stark staubenden Schwamm beseitigt hatten. Die Frau mit ihren Kindern wurde nach mehrmonatlichem Krankenlager wieder hergestellt. Die beiden Lehrlinge, welche unter ganz gleichartigen Erscheinungen, Eingenommenheit des Kopfes, Schlaflosigkeit, erschwertes Schlucken, Schwerhörigkeit erkrankt waren, starben später, nachdem schliesslich lange nach der Intoxikation heftiges Fieber, massenhafte Aphthen im Munde und Halse und Furunkel auf der ganzen Oberfläche des Körpers, Anschwellung des Halses bis zur Grösse des Kopfes zum Ausbruch gekommen waren.

Herr Dr. Ungefug resumirt den ganzen Krankheitsverlauf und seinen ursachlichen Zusammenhang mit dem Hausschwamm in diesen von ihm und von Jahn beobachteten Fällen dahin:

„1. Dass die Hauptsymptome auf eine Erkrankung des Darmkanals mit Brechneigung, verminderter Esslust, geringem Durste, träger Oeffnung hinweisen, zu welcher sich bald Müdigkeit, Theilnahmslosigkeit, Benommenheit des Kopfes, typhöses Allgemeinleiden, Darniederliegen der Ernährung und Fieber gesellten. Bei den Güstrower Kranken trat lange nach der Intoxikation Ausbruch von Aphthen, jetzt Diphtheritis, mit tödtlichem Verlaufe ein. Bei den Wikischker Patienten wurden gar keine Halsbeschwerden beobachtet, auch herrschte in jener Zeit in diesem Kreise diphtheritische Bräune gar nicht.

2. Die Erkrankungen traten an beiden Orten im Juni und Juli auf und schleppten sich in Wikischken bis Ende September, in Güstrow bis Ende Oktober hin. Es hängt dies mit der Ausbildung des Thränenschwamms zusammen. Seine Fruktifikation und Ausstäubung der Sporen tritt dann ein.

3. Wie der mikroskopische Befund der Sputa ergeben hat, erfolgt durch Einathmen der Sporen in die Lungen, wohl mehr aber durch Herabschlucken derselben Stäubchen in den Darmkanal die Vergiftung des ganzen Organismus. Grade Frau Lehrer B., welche den Schwamm mit einem Spaten von den Dielen und dem Schulschranke bei der Entfernung desselben aus Wohn-, Schlaf- und Schulstube abgehoben

hatte, und ihre Söhne Emil, Eduard und Richard, sowie Otto, welche sich bei dem Aufnehmen, Zusammenlegen und Forttragen des stark stäubenden und ihnen dadurch, sowie durch den widrigen Geruch lästig fallenden Pilzes betheiligt hatten, waren am meisten erkrankt, während der Vater, welcher sich daran gar nicht betheiligt hatte, sowie der dreijährige Sohn Hugo und die fünf Monate alte Tochter gesund blieben.

Von den Güstrower Patienten erkrankten die Tischlerburschen, welche den Sporenstaub beim Aufreissen der Dielen am meisten eingeathmet, sowie diejenigen Personen, welche sich am längsten in den ungesunden Stuben aufgehalten und geschlafen hatten, am heftigsten."

Nach Mittheilung des Dr. Koettnitz in Greiz erkrankten die, in dem stark vom Hausschwamm inficirten Rettungshause, Carolinenfeld bei Greiz, wohnenden Kinder häufig an Bindehaut-Katarrhen und solchen der Respirations-Organe, also völlig analog den Erscheinungen in den vorstehend beschriebenen Krankheitsfällen. Auch die in Breslau vorhandenen Beobachtungen analoger Erkrankungen von Kindern, z. B. in der Wohnung des Inspektors des botanischen Gartens, Herrn Stein, lassen sich unschwer auf den Einfluss der stark vom Schwamm inficirten Wohnung zurückführen.

Unter solchen Umständen erscheint der fructificirende Hausschwamm zweifellos als Ursache von Erkrankungen und es ist daher wünschenswerth, diesen Gegenstand experimentell weiter zu verfolgen und direkte Versuche an Thieren anzustellen. Es drängt sich der Gedanke auf, ob die eingeathmeten und verschluckten Sporen nur als solche auf die Schleimhäute reizend wirken, oder ob bei den langsam und schliesslich tödtlich verlaufenden Krankheitsprocessen, wie sie in den vorstehend mitgetheilten Fällen beobachtet worden sind, nicht auch Keimungsprocesse der Pilzsporen im Körper eintreten könnten. Unmöglich wäre dies nicht, da im Organismus alle Bedingungen, Phosphorsäure, Kali, genügende Feuchtigkeit, Mangel an Licht und an Luftwechsel vorhanden sind, also dieselben Verhältnisse, unter denen die Sporen bei unseren Culturversuchen zum Keimen gelangt sind. Darüber müssen weitere Beobachtungen entscheiden, namentlich mikroskopische Untersuchungen der Exsudate und des Auswurfs, wenn wieder analoge

Erkrankungen im Zusammenhange mit vom Hausschwamm stark inficirten Wohnungen beobachtet werden sollten.

Die Praxis der Sanitätsbeamten, Wohnungen mit starker Entwicklung von Hausschwamm für gesundheitsschädlich zu erklären, ist daher voll berechtigt.

Vorschläge zur Verhinderung der Einwanderung und zur Beseitigung vorhandenen Hausschwamms.

Die Thatsache, dass der *Merulius lacrimans* unsere Wohnungen zerstört und unter Umständen unsere Gesundheit schädigt, steht zweifellos fest. Die correkte Beantwortung der Frage, wie schützen wir uns vor seiner Einwanderung in unsere Wohnungen und wie beseitigen wir vorhandene Schwammbildungen, ist daher von der grössten Wichtigkeit. Wir werden die Lösung dieses Problems nicht von roher Empirie, vom planlosen Hin- und Her-Experimentiren erwarten dürfen, sondern nur, indem wir die auf dem Wege der exakten Forschung erworbene Kenntniss der Entwicklung und der Lebensbedingungen des *Merulius* für diesen Zweck verwerthen.

In den vorstehenden Abschnitten sind die Grundlagen für eine rationelle Bekämpfung des Hausschwamms und seiner Verbreitung in unseren Häusern gewonnen worden.

Zu seiner Entwicklung gehören:
1. Sporen oder lebensfähiges Mycel.
2. Der geeignete Nährboden.
3. Genügende Feuchtigkeit.
4. Mangel an Luftwechsel und Ausschluss des Lichtes.

Wir werden die Entwicklung des *Merulius* und seine Verbreitung aus lebensfähigem Mycel scharf trennen müssen von seiner Entstehung aus Sporen.

Wenn mit lebensfähigem Mycel inficirtes Holz in einen Raum gelangt, in welchem genügende Feuchtigkeit, Ausschluss des Lichtes und Mangel an Luftwechsel vorhanden sind, dann wird sich das Mycel weiter entwickeln, es wird rasch auf das benachbarte Holzwerk übergreifen, mit einem Wort, es wird die verhängnissvollen Zustände herbeiführen, welche in den früheren Abschnitten geschildert worden sind, durch welche ein ganzes Haus der Zerstörung anheimfallen kann.

Vom Schwamm inficirtes Holz kommt niemals aus dem Walde und, so weit unsere sicheren Erfahrungen reichen, hat sich auch der Schwamm noch nie in zu Haufen aufgestapeltem Bauholz oder Brettern eingenistet, ein derartiges Holz findet sich nur in Wohnungen mit Schwammvegetationen. Wenn solches mit Mycel überzogenes Holz, seien es Balken oder Bretter, an die Luft kommt und genauer untersucht wird, so stellt sich bald heraus, dass grosse Mycelflächen nur an einzelnen Stellen mit dem im Holze vegetirenden Pilze in Verbindung stehen, während die ganze übrige Masse dem Holz nur aufgelagert ist und sich mit einem Messer leicht abheben lässt. Werden die Mycelplatten von dem Holze getrennt, so trocknen sie rasch an der Luft und sind nach völligem Austrocknen nicht mehr weiter vegetationsfähig, auch nicht, wenn sie nachher wieder mit Wasser angefeuchtet werden, wie meine vor Jahren gemeinsam mit Apotheker Julius Müller angestellten Austrocknungsversuche ergaben.

Das auf der Oberfläche des Holzes befindliche Mycel stirbt ab, sobald es der Wirkung des Lichtes und der Luft ausgesetzt ist, aber die im Innern des Holzes vorhandenen Pilzfäden werden dadurch nicht getödtet. Es reicht daher selbst die sorgfältigste äussere Reinigung des Holzes, sowie seine Bearbeitung mit Axt und Hobel, so weit dasselbe noch gesund erscheint, nicht hin, um die weitere Entwicklung des *Merulius* zu hemmen. Unsere Analyse No. 6 beweist, dass anscheinend völlig gesundes Holz doch von Pilzhyphen durchzogen war, was sich ebensowohl bei der mikroskopischen Untersuchung, wie durch den grösseren Phosphorsäuregehalt herausstellte.

Es sind Fälle bekannt, wo mit Mycel bedecktes Holz beim Aufspeichern dem allseitigen Luftzutritt ausgesetzt und erst mehrere Jahre nachher bearbeitet und bei einem Neubau verwendet wurde. Trotzdem sich während der langen Zeit keine Weiterentwicklung des Pilzes gezeigt hatte, so war doch das Holz nach Jahresfrist vom Hausschwamm zerstört und zwar dasjenige, welches in den unteren Stockwerken verwendet worden, während das in den oberen Etagen unangegriffen blieb [1]).

Holzstücke, welche Schauder [2]) von ihrer Mycelbekleidung befreit,

---

[1]) Schauder citirt in seiner Inaugural-Dissertation dafür „Müller, Ueber den Hausschwamm und die Mittel denselben zu vertilgen." Bremen 1848.
[2]) Ebendaselbst „über den Hausschwamm," Breslau 1879.

Tagelang auf seinem Schreibtisch hatte liegen lassen, zeigten keinerlei Hyphenbildung auf der Holzoberfläche. Es entwickelte sich aber schon nach 48 Stunden auf denselben ein flockiges Mycel, als er sie in den von Licht und Luft abgeschlossenen Keimkasten gebracht hatte.

Es steht daher thatsächlich fest und wird durch die, in dieser Schrift mitgetheilten Beobachtungen vollauf bestätigt, dass **lebendes Mycel und von Hyphen des Hausschwamms durchzogenes Holz in erster Linie als Träger der Verbreituug des Hausschwamms gelten müssen.**

Es muss allerdings zugegeben werden, dass in solchem Holz nicht unter allen Umständen sich das Pilzmycel weiter entwickeln werde, es müssen eben auch die anderen Momente, die nothwendige Feuchtigkeit, Mangel an Luftwechsel und Licht hinzutreten. In dem vorstehend angeführten Beispiel entwickelte sich aus dem inficirten Holz nur in den unteren Etagen der Schwamm, während die oberen Etagen, welche wahrscheinlich trocken und luftig waren, in dem gleich inficirten Holz den Schwamm nicht zur Entwicklung gelangen liessen. Andererseits sind mir aber auch Fälle bekannt, wo der Schwamm nur in den oberen Etagen auftrat, hier also bei bereits inficirtem Holz die günstigen Bedingungen für seine Entwicklung vorhanden waren.

Es muss daher als eine grobe Fahrlässigkeit bezeichnet werden, wenn Holz aus mit Schwamm inficirten Häusern in Neu- oder anderen Bauten Verwendung findet.

Als inficirt muss das Holz gelten, wenn auf seiner Oberfläche Mycel, wenn auch nur an einzelnen Stellen vorhanden ist, oder wenn es aus einem Raume stammt, in welchem der Hausschwamm stellenweise grössere Dimensionen angenommen hat. In solchem Raum, z. B. in einem Zimmer, in welchem die eine Wand Pilzvegetationen zeigt, können sämmtliche Lager der Dielung bereits Mycelfäden enthalten. Denn das Mycel erscheint, wie auch aus unseren Versuchen hervorgeht, erst auf der Oberfläche des Holzes, wenn der Pilz sein Zerstörungswerk im Innern bereits seit einiger Zeit begonnen. Sind erst die Anfänge dieser Zerstörung vorhanden, dann vermag nur die mikroskopische Untersuchung, welche aber volle Vertrautheit mit der Behandlung des Mikroskops und den Strukturverhältnissen des Holzes voraussetzt, dies zu konstatiren, eine Vertrautheit, welche man in der Bau-Praxis doch nicht voraussetzen darf, ganz abgesehen von der Unmöglichkeit, grössere Stücke und Massen Holz in dieser Weise zu untersuchen.

Ob chemische Mittel, das oberflächliche Bestreichen mit Carbolsäure, Theer, Metallsalzen etc. die weitere Entwicklung der Pilzhyphen in solchem Holze hemmen, wenn nicht gleichzeitig auch die anderen günstigen Bedingungen für die Entwicklung des Pilzes fern gehalten werden, darüber fehlen exakte Versuche. Ebenso wenig sind mir Versuche bekannt, ob man ein derartig inficirtes Holz durch seine ganze Masse mit jenen Substanzen in bekannter Weise imprägnirt und dann unter Verhältnissen, welche die Entwicklung des Pilzes begünstigen, weiter beobachtet habe.

Es giebt daher unter den gegenwärtigen Verhältnissen nur ein sicheres Mittel, die Verbreitung des Hausschwamms durch inficirtes Holz zu hemmen, das ist:

Das gesammte Holzwerk aus vom Schwamm inficirten Räumen, selbst wenn ein Theil desselben noch anscheinend gesund aussieht, zu verbrennen und diese Massregel ebenso im öffentlichen Interesse zu überwachen, wie dies bei dem summarischen Verfahren gegen den gesammten Viehstand, bei der Vernichtung aller Stücke eines vom Milzbrand inficirtes Hofes, bei der Trichinenschau etc. stattfindet.

Mit dem inficirten Holz werden dann auch die vorhandenen Sporenlager und Sporen durch das Fouer vernichtet.

Die nach Milliarden zählenden Sporen des *Merulius* werden bei der Reife von ihren Trägern, den Sterigmen, mit unglaublicher Energie, sicher viele Fuss weit nach allen Richtungen hin fortgeschleudert, so dass oft ziemlich grosse Räumlichkeiten von ihnen bedeckt werden. Wie bereits erwähnt, waren in dem Bildhauer-Atelier des hiesigen Museums alle Gyps-Modelle, in der citirten Krankengeschichte alle Geräthe der Schulstube von ihnen als ein brauner Staub bedeckt, welcher gradezu abgekehrt werden konnte. Bei ihrer Kleinheit und Leichtigkeit werden sie durch jeden Lufthauch in die Atmosphäre geführt und so würden sie zweifellos das frucht- und furchtbarste Material zur Weiterverbreitung des Pilzes sein — eine einzige Spore kann die Mutter von vielen Generationen des Pilzes werden —, wenn sie überall den für ihre Keimung und erste weitere Entwicklung geeigneten Nährboden vorfänden. Aus den im Abschnitt 5 mitgetheilten Versuchen von Poleck und Thümmel geht aber hervor, dass die Sporen nicht auf jedem Holz zur Entwicklung gelangen, dass ihre Keimung vielmehr nur unter ganz bestimmten Bedingungen erfolgt. Die bis dahin sämmtlich fruchtlos verlaufenen Versuche, die Sporen zur Keimung zu bringen, welche von den verschiedensten Seiten angestellt wurden, bestätigen dies zur Genüge. Lägen diese Verhältnisse anders, so würden die Verheerungszüge des Hausschwamms noch weit grössere Dimensionen annehmen, als dies leider schon jetzt der Fall ist. Bei dem grossen Reichthum des *Merulius* an Phosphorsäure und Kalium, sowie an Stickstoff, bedarf die Spore einen Nährboden, welcher ihr diese Stoffe für die erste Entwicklung in genügender Menge liefert, sie wird aber auf einem solchen Nährboden auch nur dann zur Entwicklung gelangen, wenn gleichzeitig die Temperaturverhältnisse günstig und Licht und Luftwechsel ausgeschlossen sind, Bedingungen, welche in den oben erwähnten Versuchen innegehalten wurden.

Ein im späten Frühjahr im Saft gefälltes Holz entspricht nun allen Bedingungen eines geeigneten Nährbodens. Bei seiner Verwendung zu unseren Bauten schaffen wir daher für vorhandene oder in irgend einer Weise in den Bau gelangende Sporen die günstigsten Vorbedingungen für ihre Keimung, welche sofort wirksam werden, wenn Feuchtigkeit, sowie Mangel an Licht und Luftwechsel hinzutreten. Hat sich aber einmal das Mycel des Pilzes in solchem Holz entwickelt, dann ergreift es von da aus auch das Winterholz der Coniferen, sowie jedes andere Holzwerk ohne Unterschied an und setzt sein Zerstörungswerk auch an Tapeten, Leinwand etc. fort. Selbstverständlich wird auf im Saft gefälltem Bauholz auch lebensfähiges Mycel, bei den reichlicheren und wahrscheinlich auch zur Assimilation geeigneteren Nährstoffen, sich weit üppiger entwickeln und sein Zerstörungswerk weit rascher fortschreiten.

Schon vor 40 Jahren wurde hier, in Breslau, wie bereits erwähnt, in einem Vortrage die Ansicht ausgesprochen, dass das im Saft gefällte Holz vorzugsweise zur Schwammbildung hinneige, ohne dass diese Ansicht, welche auch gegenwärtig noch viele Bau-Sachverständige vertheidigen, unter Beweis gestellt werden konnte. Dieser Beweis erscheint nun durch die Versuche von Poleck und Thümmel geführt.

Damit waren aber neue Gesichtspunkte für die Entstehung, die Verbreitung und Beseitigung des Hausschwamms gewonnen.

Nach Mittheilungen von gut informirter Seite wird thatsächlich in grossen Forstgebieten Bauholz im Frühjahr und Sommer gefällt, ja nach den mir vorliegenden Fachblättern will es mir scheinen, als ob in forstlichen Kreisen die Frage nach der richtigen Fällungszeit des Bauholzes nicht mehr in der Jahreszeit selbst, sondern in ganz anderen Momenten ihren Schwerpunkt fände. Gestützt auf Versuche, welche in Tharand angestellt worden sind, wird die Ansicht vertheidigt, dass ein Einfluss der Jahreszeit auf die Qualität des Holzes überhaupt nicht nachweisbar sei, dass die chemische Untersuchung des in den verschiedenen Jahreszeiten gefällten Holzes wesentliche Unterschiede nicht erkennen lasse und solche nur in der Zusammensetzung von Kern- und Splintholz der Art vorlägen, welche es erklärlich machen, dass das letztere eine geringere Dauer gegenüber dem ersteren besitze. Die Fällungszeit sei eine wirthschaftlich gegebene, ihre Bestimmung sei selten in das Belieben des Forstwirths gestellt, im Gebirge finde in der Regel der Sommerhieb, in der Ebene gewöhnlich der Winterhieb statt. Nicht auf die Fällungszeit komme es bezüglich der Güte des Holzes an, sondern nur auf den Grad seiner Trockenheit bei der Verwendung. Das Verbauen ganz frisch gefällten Holzes führe stets grosse Gefahren mit sich. Unabhängig von der Fällungszeit werde Holz von gleicher Güte erhalten durch sofortiges Entrinden, längeres Lagern bis zum vollständigen Austrocknen oder Auslaugen durch Wasser, wodurch die Vorzüge des Floessholzes bedingt würden.

Von anderer Seite werden diese Gründe nicht für zutreffend erachtet, es werden die Vorzüge des ausserhalb der Vegetationsperiode, also im Herbst und Winter gefällten Holzes betont und darauf in erster Linie die Güte des in unseren älteren Bauten, ja selbst des noch vor wenigen Decennien benützten Bauholzes zurückgeführt[1]).

Die Frage nach der richtigen Fällungszeit des Holzes ist daher in forstwirthschaftlichen Kreisen jetzt controvers geworden, während früher zweifellos bezüglich der Fällungszeit im Winter Uebereinstimmung herrschte. Andererseits wird in der Bau-Praxis mit der von jenen

---

[1]) Centralblatt der Bauverwaltung 1882 S. 287 u. S. 409 u. 441 u. 1883 S. 74.

forstlichen Kreisen empfohlenen Remedur, längeres Lagern und namentlich Auslaugen des Holzes mit Wasser, noch nicht gerechnet, abgesehen davon, ob das Letztere im grösseren Massstabe überhaupt durchführbar sein sollte. So viel steht jedenfalls fest, dass die Keimung der Sporen des *Merulius*, gegenüber den bisherigen fruchtlosen Versuchen, auf Holz, welches in der Vegetations-Periode gefällt worden war, in befriedigender Weise gelang, während das zur Controle benützte Winterholz sich indifferent verhielt. In wie weit das längere Lagern und völlige Austrocknen, sowie Auslaugen mit Wasser auch das Sommerholz immun machen werde für die Entwicklung der Sporen des Hausschwamms, das müssen weitere Versuche entscheiden. Das aber erscheint kaum zu bezweifeln, dass die gegenwärtige Praxis der Holzfällung in Verbindung mit der übermässig beschleunigten Fertigstellung unserer Häuser eine der Hauptursachen der gegen früher alles Mass überschreitenden Ausbreitung des Hausschwamms bildet.

Die Thatsache, dass alte Bauten den Pilz nie zeigen, sondern nur neue Häuser, was sicher sehr auffallend erscheinen muss, findet darin eine sehr befriedigende Erklärung. Kaum ist ein Neubau fertig geworden, so ertönen schon Klagen über die Verwüstungen durch den Hausschwamm. Bei seiner gegenwärtigen Verbreitung in unseren Wohnräumen, in denen er oft erst entdeckt wird, wenn die Entwicklung seiner Befruchtungsorgane bereits bis zur Ausschleuderung der Sporen gelangt ist, sind diese in der Atmosphäre verbreitet, gelangen so in andere Räume und keimen hier, wenn sie den geeigneten Nährboden im Holz und die anderen günstigen Bedingungen vorfinden.

In dem bereits erwähnten Rettungshause in Carolinenfeld bei Greiz wurden im Sommer 1883 gefällte Balken zum Neubau des Daches des Schlafsaals benützt. Schon im Sommer 1884 noch vor Beziehung des Hauses zeigten sich auf ihrer Oberfläche lange, feine, rosenröthliche Mycelfäden, welche sich auch im Holz selbst weiter verfolgen liessen. In dem alten Gebäude des Rettungshauses war der Hausschwamm vorhanden[1]). Es sind viele Fälle bekannt, wo in vom Schwamm völlig

---

[1]) Tageblatt der Versammlung deutscher Naturf. in Magdeburg 1884 S. 372.

freien Häusern dieser erst durch Reparaturbauten hineingetragen wurde und in manchen dieser Fälle bereits vorhandene Sporen erst in dem neuen Holz den geeigneten Nährboden für ihre Entwicklung fanden.

Wir müssen daher unter allen Umständen dafür sorgen, dass Sporen des Hausschwamms nicht in unsere Wohnräume gelangen und hier die günstigen Bedingungen für ihre Entwicklung vorfinden.

Wie gleichgiltig wird aber grade dieser wichtige Punkt, die Verbreitung der Sporen, behandelt! Das bei Reparaturen aus inficirten Häusern herausgeschaffte, mit Mycel bedeckte und mit Sporen erfüllte Holz lagert oft tagelang vor allen Thüren, in den Höfen, statt es sofort durch Feuer zu vernichten.

Der Berichterstatter der im vorigen Abschnitt geschilderten Erkrankungsfälle in Wikischken erfuhr von dem Schulzen C., dass „das vom Thränenschwamm ergriffene Holz des Fussbodens u. s. w. der Lehrerwohnung meistbietend verkauft sei. Das sanitätspolizeiliche Bedenken dagegen, dass hierdurch der an Sporen über alles Denken reiche Schwamm weiter verbreitet werde, veranlasste den Physikus, dem Ankäufer die Warnung zugehen zu lassen, das erstandene Holz möglichst rasch als Brennholz zu verwenden, um seine Gebäude, Hausthiere und Hausgenossen vor Schwamm zu bewahren, sowie dem Königlichen Landrathsamte und der Königlichen Regierung davon Anzeige zu machen, um künftighin Missgriffe der Art durch die Lokalbehörden zu verhüten [1]."

Eine ergiebige Quelle für die Verbreitung des *Merulius* ist die Verwendung von Bauschutt aus vom Schwamm inficirten Häusern in Neubauten, da dieser ebensowohl noch Holzstücke mit lebensfähigem Mycel, wie Sporen enthält.

Bauschutt ist die von jeher gebräuchliche Ausfüllung der Räume unterhalb der Dielung, die Zwischenlage in den Decken der oberen Etagen. Auf keinem anderen Wege konnte der Hausschwamm in den neuen Monumentalbau des Instituten-Gebäudes der Universität zu Breslau gelangt sein. Auf dem Bauplatz desselben hatten alte Häuser und Lagerräume gestanden, deren Bauschutt zweifellos zur Ausfüllung der Räume unter der Dielung benutzt wurde. Die im Erdgeschoss liegende

---

[1] Vierteljahresschrift für gerichtliche Medicin. 1877. S. 528.

Amtswohnung wurde erst ein Jahr nach der Fertigstellung des Gebäudes bezogen, der Schwamm hatte aber schon vorher von dem Holzwerk der Kellerräume Besitz ergriffen und in diesem beträchtliche Zerstörungen angerichtet. Nach zwei Jahren entwickelte er sich auch in den zwei nach Norden gelegenen Stuben des Erdgeschosses, indem sich gleichzeitig fructificirende Sporenlager in den Ecken der Zimmer und an der Decke des darunter liegenden Kellers bildeten. Die Dielung der beiden Stuben musste erneuert werden. Durch Ausfüllung der unter ihr liegenden Räume mit Coaks- Grus und Anlage von Luftzügen wurde der Schwamm dauernd beseitigt. Hier war zweifellos in dem Bauschutt die Ursache zur Entwicklung des Hausschwamms zu suchen.

Die Verwendung des alten Bauschutts in Neubauten enthält daher eine ernste Gefahr für dieselben, er ist eine ergiebige Quelle für die Verbreitung des Hausschwamms. Unter solchen Umständen sollte er überhaupt keine Verwendung mehr für derartige Zwecke finden oder nur dann, wenn vorher mit peinlicher Sorgfalt festgestellt worden ist, dass in dem abgerissenen Bau keine Schwammbildungen stattgefunden haben. Aber auch von diesen abgesehen, bildet der Bauschutt überhaupt eine Gefahr für unsere Wohnungen, seitdem Dr. Emmerich[1]) in Leipzig den Nachweis geführt hat, dass ein solcher, zur Füllung der Hohlräume unter den Dielen benützter Schutt sehr erhebliche Verunreinigungen an faulenden animalischen und vegetabilischen Abfällen besitzt, welche die Brutstätte für gesundheitsschädliche Pilze bilden, aber auch das lästige Ungeziefer enthalten, welches oft gleichzeitig mit dem Bewohner von einer Wohnung im neuen Hause Besitz nimmt.

In seiner ausgezeichneten Experimental-Untersuchung über „die Verunreinigung der Zwischendecken unserer Wohnräume in ihrer Beziehung zu den ektogenen Infections-Krankheiten" giebt Dr. Emmerich ein abschreckendes Bild der Beschaffenheit des zur Ausfüllung der sogenannten Fehlböden dienenden alten Bauschutts. Es wird genügen, nachstehende Sätze anzuführen: „Es giebt in der Natur überhaupt und selbst in der Umgebung der menschlichen Wohnstätten keinen Boden, der so stark mit stickstoffhaltigen organischen Substanzen und deren Zersetzungsprodukten verunreinigt ist, wie die Füllerde unter dem Fussboden

---

[1]) Zeitschrift für Biologie von Pettenkofer u. Voit 1882. S. 253.

der menschlichen Wohnräume," und an einer anderen Stelle „die Feinerde des Fehlbodens bewohnter Gebäude ist somit, da sie auch reichliche Mengen Phosphorsäure und Alkalien enthält, ein ausgezeichnetes Dungmittel" und weiter: „Die Gesammtquantität des im Innern (in den Fehlböden) der Wohnhäuser befindlichen fäulnissfähigen Materials ist so gross, dass unter Umständen durch die Fäulniss- und Zersetzungsgase allein schon das Befinden der Bewohner alterirt werden kann;" und endlich: „Die im Fehlboden vorhandenen Fäulnisspilze können bei geeigneten Züchtungsbedingungen unzweifelhaft die Gesundheit der Bewohner alteriren." Wir unterlassen es, die ganz exorbitante, jeder Beschreibung spottende schlechte Beschaffenheit des Inhalts der Fehlboden einzelner Häuser in Leipzig, welche Dr. Emmerich untersuchte, hier zu citiren. Das Gesagte möge genügen, um die verhängnissvolle Bedeutung solchen Bauschutts, der fast immer beim Abbrechen alter Gebäude als Zwischenfüllung der Decken in das neue Haus gelangt, für die Verbreitung der Sporen des Hausschwamms, aber auch für die sanitären Verhältnisse unserer Wohnungen überhaupt klar gelegt zu haben.

Der Bauschutt sollte daher, wenn und wo eine solche Ausfüllung durchaus nothwendig erscheint, durch ein anderes Material, am besten durch staubfreien Grus von Coaks, erhitzten oder geglühten Sand etc. ersetzt werden oder, ohne jedes Füllmaterial, durch feuerfeste Decken, z. B. nach dem Patent der Gebrüder Baum in Breslau.

Wir haben in vorstehender Erörterung die Wege, auf welchen der Hausschwamm durch lebensfähiges Mycel oder durch seine Sporen in unsere Häuser gelangen kann, und in dem in der Vegetationszeit gefällten Bauholz den günstigsten Nährboden für die Keimung und weitere Entwicklung der Sporen kennen gelernt. Im Allgemeinen wird überhaupt nur das Holz als ein Nährboden für den Hauschwamm gelten können, da seine Entwicklung auf Mauerwerk oder analogem Material nachweislich noch nicht beobachtet worden ist. Ebenso steht noch nicht fest, ob sich der *Merulius* auf anderem als Coniferenholz, wie Eiche, Buche etc. entwickelt oder auf diese erst nach seiner Entwicklung auf Coniferenholz durch lebendes Mycel übertragen wird und dann nur auf ihrer Oberfläche haftet. Sollte sich dies letztere im vollen Umfange bestätigen, dann würde in den, der Gefahr am meisten ausgesetzten unteren Etagen das Eichenholz dem Coniferenholz in jeder

Beziehung vorzuziehen sein. In dieser Richtung werden daher weitere Beobachtungen gesammelt werden müssen und Versuche anzustellen sein. Es ist, wie bereits früher erwähnt, eine offene Frage, ob das Sommerholz durch langes Lagern, starkes Austrocknen und Auslaugen mit Wasser gegen die Infection durch Hausschwamm immun wird. Zur Entscheidung derselben wird der hier beschriebene experimentelle Weg, die Züchtung des Pilzes aus Sporen, gewählt werden können. So lange alle diese Fragen noch nicht befriedigend beantwortet sind, werden wir dem Winterholz bei unseren Bauten den Vorzug geben, aber auch hier dafür sorgen müssen, es unter den günstigsten Bedingungen in unseren Bauten zu verwertheu und so möglichst widerstandsfähig gegen Infection durch Hausschwamm zu machen. Es wird daher jedes Bauholz erst nach längerem Lagern und möglichst vollständigem Austrocknen verwandt werden dürfen.

Unter den obwaltenden Verhältnissen kann ein Zimmer- und Bautischlermeister nur dann für sein Holz Gewähr leisten, wenn er es jahrelang auf seinem Lagerplatz hat austrocknen lassen. In den Holzwerkstätten des Reichs, z. B. in den Schiffswerften, Artillerie-Werkstätten etc., werden mit Umsicht und Verständniss weitgehende Vorkehrungen getroffen, um die zu verarbeitenden Hölzer allmählich zu trocknen und dadurch vor Schwamm zu schützen. Wir wollen nicht verkennen, dass auch eine Anzahl grösserer Firmen in einfacherer Form eine ähnliche Praxis befolgen, indessen wäre es zu wünschen, dass kein einziger Zimmer- oder Tischlermeister sich dieser Einsicht verschlüsse.

Der geeignete Nährboden wird aber erst dann die Entwicklung des Hausschwamms vermitteln, wenn genügende Feuchtigkeit, Luft- und Lichtmangel gleichzeitig mitwirken.

Es ist daher die Aufgabe jedes Baumeisters, im Bau eines Hauses diese Verhältnisse voll zu berücksichtigen, vorzugsweise aber die Keller und Erdgeschosse derart zu konstruiren, dass jede Feuchtigkeit ausgeschlossen und selbst auf feuchtem Untergrunde ein trockner Oberbau ermöglicht werde. In das Detail dieser Verhältnisse einzugehen, würde über das Ziel dieser Schrift hinausgehen, es können daher die noth wendigen Massnahmen nur in grossen Zügen angedeutet werden.

In erster Linie muss jedes Haus unterkellert und die Keller selbst durch wasserdichten Mörtel vor dem Eindringen der Feuchtigkeit von unten und von den Seiten her geschützt sein. Häuser ohne vollständige Unterkellerung auf feuchtem Untergrund sind der Gefahr, durch Schwamm inficirt zu werden, in weit höherem Grade ausgesetzt, wie wir dies leider bei unserem Museum für bildende Künste erfahren haben. Unter allen Umständen musste dieser, auf dem Grunde des ehemaligen Mäuseteichs, einem der Entwicklung des Schwamms so überaus günstigen Terrain, errichtete Monumentalbau allseitig unterkellert werden. Es wird stets zweckmässig sein, wenn die Grundmauern durch aufliegende Asphaltplatten von dem darauf stehenden und liegenden Holz- und Mauerwerk isolirt werden und dieselbe Isolirung überall da Platz greift, wo die Balkenköpfe in oder auf Mauerwerk ruhen. Eine längere Bauzeit wird durch gutes Austrocknen der Mauern die Salubrität der Räume wesentlich fördern.

Der Hausschwamm verträgt in den ersten Stadien seiner Entwicklung keinen Luftwechsel und ebenso wenig die Einwirkung des Tageslichts, wie dies auch unsere Kulturversuche zweifellos gelehrt haben.

Es empfiehlt sich daher vor Allem, in den unteren Räumen der Bauten eine zweckmässige Ventilation durch Luftzugkanäle, welche unter der Dielung hinlaufen und im Winter mit dem Ofen, im Sommer direkt mit dem Schornstein in Verbindung stehen. In den höheren Etagen werden solche Luftzüge nicht nothwendig sein, während sie im Erdgeschoss ein völlig zuverlässiges Mittel gegen die Ansiedlung des Hausschwamms bieten, indem sie eine beständige natürliche Ventilation durch die Dielung mit der Luft der Zimmerräume vermitteln. Es ist daher in hohem Grade unzweckmässig, diese durch zu frühen Oelanstrich der Dielung zu verlangsamen oder ganz zu unterbrechen. Erst nach vollständigem Austrocknen, also keinesfalls in den ersten Jahren nach Beendigung eines Baues ist im Erdgeschoss ein Oelanstrich rathsam. Die Keller sind so anzulegen, dass sie entsprechendes Tageslicht und durch die Lage ihrer Fenster auch eine gewisse Ventilation gestatten. Dies gilt von sämmtlichen Hohlräumen des Hauses. Jeder dumpfige, stockige Geruch macht den Raum verdächtig und fordert zu genauer Untersuchung desselben, jedenfalls zu sofortiger Herstellung einer geeigneten Lüftung auf.

Wir haben vorstehend die Verhältnisse und Massnahmen skizzirt, durch welche wir uns vor dem Eindringen des Hausschwamms in unsere Wohnungen schützen können. Wir fassen sie noch einmal dahin zusammen, dass wir dafür sorgen müssen, dass weder mit Pilzhyphen, Mycel, inficirtes Holz, noch auch Sporen des Hausschwamms in unsere Bauten in irgend einer Weise hineingelangen können, und dass letztere, wenn sie durch eine vis major unseren Bauten zugeführt werden, hier keinen geeigneten Nährboden und stets trockene und gut ventilirte Räume vorfinden.

Wir werden nun an die Beantwortung der Frage herantreten müssen, wie wir den Hausschwamm beseitigen, wenn derselbe sich bereits in einem Hause entwickelt hat?

Zweifellos dadurch, dass wir seine Lebensbedingungen unterbinden, in erster Linie aber alles inficirte Holz- und Mauerwerk beseitigen. Der Eingangs dieser Schrift mitgetheilte Fall, dass ein ganzes Haus bis unter das Dach vom Schwamm inficirt war und daher dessen Beseitigung denselben Kostenaufwand erforderte, wie ein Neubau, dürfte bei nur einiger Aufmerksamkeit wohl kaum mehr vorkommen. Es wird sich meistens wohl nur um Kellerräume und Räume des Erdgeschosses handeln. Hier muss nun zunächst die ganze Verbreitung des Schwamms auf die Ursprungsquelle verfolgt und das gesammte von ihm ergriffene Holzwerk schleunigst entfernt und durch Feuer vernichtet werden. Das inficirte Mauerwerk muss soweit herausgehauen werden, als die Mycelfäden reichen, und durch neues, mit Cement aufgemauertes Material ersetzt werden. Da es aber kaum möglich sein wird, jeden lebensfähigen Mycelfaden oder jede Spore zu beseitigen, so müssen nun die Bedingungen geschaffen werden, welche die weitere Entwicklung derselben verhindern.

Es giebt bislang nur ein zuverlässiges, stets sicheres Mittel, das ist, solche Räume trocken zu legen und durch eine zweckmässig eingerichtete Ventilation trocken und in beständigem Luftwechsel zu erhalten.

Es liegen für die Wirksamkeit dieser Massregeln eine Menge Beispiele vor. Professor Poleck hat im eignen Hause auf diesem Wege den Hausschwamm vollständig bewältigt. In einem Theile seines Erdgeschosses, welcher nicht unterkellert auf einer Rampe mit Gartenanlagen sich befand, hatte der Hausschwamm in drei Zimmern sich in ausgedehnter Weise verbreitet, die Lager und Dielen zum Theil zerstört und war auch in das Mauerwerk eingedrungen. Dielung und Lagerholz wurden entfernt, der Boden bis in eine Tiefe von 30—35 cm ausgeschachtet und beseitigt, sowie das Mauerwerk soweit herausgehauen, als das Pilzmycel verfolgt werden konnte. Nach Erneuerung des Mauerwerks mit Ziegel und Cementputz wurde auf den nicht unterkellerten Zimmern eine Ziegelpflasterung mit darüber liegendem Cementguss hergestellt und darauf das Lagerholz hohlgelegt und die Dielung ohne Ausschüttung befestigt. In der 15 cm hohen Scheuerleiste waren auf der inneren Seite in Entfernungen von je 50 cm Rinnen angebracht, welche die Verbindung der Zimmerluft mit der Luftschicht unter der Dielung vermittelten, welche wiederum durch einen Kanal unter dem Rost des Ofens mit dem Schornstein in Verbindung stand. Ein nach aussen mündender und mit einem Drahtgitter geschlossner Kanal vermittelte im Sommer bei nicht geheiztem Ofen die Ventilation, während er im Winter geschlossen war. Seit fast 30 Jahren hat sich in diesen Räumen der Schwamm nicht wieder gezeigt und ist bei dieser Anlage auch nicht über Zug oder Mangel an Wärme in der Wohnung geklagt worden[1]). Hierbei war von der Anwendung jedes chemischen Mittels abgesehen worden. Aehnliche Beispiele liessen sich noch viele anführen.

Was nun die vielen, warm empfohlenen chemischen Gegenmittel gegen den Schwamm anlangt, so liegen exakte Versuche über ihre Wirkung nicht vor, diese Mittel sind überdies ihrer Natur nach so mannigfaltig und selbst unter der gleichen Benennung in ihrer Zusammensetzung stets wechselnd, so dass es zur Zeit nicht möglich ist, ein Urtheil über ihre Wirkung abzugeben.

Die exakte Forschung beugt sich aber bei keinem Geheimmittel vor der Fülle von Zeugnissen bezüglich seiner günstigen Wirkung. Bis jetzt ist der Beweis nicht geführt, dass diese chemischen Mittel die Keimkraft der Sporen

---

1) Die Bau-Instruktion der Königlichen Regierung in Breslau für Anlage von Schulhäusern hat in anerkennenswerther Weise dieselben Massregeln für die Zimmer des Erdgeschosses von Schulgebäuden zur Verhütung der Einschleppung und zur Beseitigung von schon vorhandenem Hausschwamm vorgeschrieben.

zerstören oder bei oberflächlicher Bestreichung des Holzes in dessen Inneres eindringen und hier die vorhandenen Hyphen tödten. Wenn, wie dies häufig geschehen sein mag, mit der Anwendung dieser Mittel gleichzeitig Luftzüge verbunden worden sind, so sind diese letzteren allein ein in allen Fällen wirksames und zuverlässiges Mittel, um den Schwamm zu tödten oder seine Ansiedlung zu verhindern.

Ganz unverantwortlich aber ist es, wenn in mancher Ankündigung solcher Geheimmittel falsche Vorstellungen über die Natur des Hausschwamms verbreitet werden, so z. B. dass Feuchtigkeit durchaus kein unbedingtes Bedürfniss zum Leben des Pilzes sei und ebensowenig Mangel an Luftwechsel seine Existenz begünstige, und wenn dann Ventilations-Anlagen für nicht nothwendig erachtet werden.

In vielen, wenn nicht den meisten Fällen steht der Einzelne der Hausschwamm-Epidemie machtlos gegenüber; denn, ohne dass er es zu hindern vermag, kann sein Haus durch die Adjacenten ohne sein Wissen inficirt werden. Eine rationelle Bekämpfung des Pilzes könnte daher nur angebahnt werden, wenn die Organe der Bau- und Sanitätspolizei angewiesen würden, darüber zu wachen, dass alle Neu- und Reparaturbauten nach Massgabe der in dieser Schrift entwickelten Gesichtspunkte ausgeführt werden. Ehe dies aber erreicht wird, dürfte es sich empfehlen, an solchen Orten, wo der *Merulius* vorzugsweise verwüstend auftritt, lokale Vereine zu gründen, welche es sich zur Aufgabe machen müssten, diese Epidemie immer mehr einzuschränken.

Möge diesmal unser Mahnruf nicht ungehört bleiben und mögen die betheiligten Kreise endlich aufhören, uns durch unzureichende und falsche Massregeln zu unnützen Geldopfern zu nöthigen! Wenn es gelänge, die Hausschwamm-Epidemie in Deutschland zum Erlöschen zu bringen, dann würden Millionen unseres National-Vermögens gespart werden!

Nachtrag.

Als der Druck dieser Schrift bereits abgeschlossen war, gelangte das so eben erschienene Werk von Professor Hartig in München „der ächte Hausschwamm" in meine Hände. In demselben befindet sich bereits eine Kritik meines, auf der Naturforscher-Versammlung in Magdeburg über denselben Gegenstand gehaltenen Vortrags, in welchem ich die bis zu jenem Zeitpunkt erhaltenen Resultate der chemischen Untersuchung des Pilzes und des von ihm ergriffenen Holzes mitgetheilt hatte. Hartig hält meine damals ausgesprochenen Sätze „Je reicher das Holz an Phosphorsäure und Kalinmverbindungen ist, um so rascher wird die Entwicklung des Pilzes stattfinden" und „Es ist mehr als wahrscheinlich, dass ein solches Holz bei Gegenwart von Feuchtigkeit der geeignetste Nährboden für die Keimung der Sporen und ihre weitere Entwicklung sein wird," und deren Anwendung auf das verschiedene Verhalten des Sommer- und Winterholzes für nicht zutreffend. Inzwischen haben, wie aus Abschnitt 5 dieser Schrift hervorgeht, was Hartig aber noch nicht wissen konnte, diese Schlüsse ihre volle Bestätigung gefunden durch gelungene Culturen des *Merulius lacrimans* aus Sporen auf dem Querschnitt des Stamms einer Ende April des v. J. gefällten Kiefer, während Winterholz sich unter gleichen Bedingungen indifferent verhielt.

Unsere Culturen sind, was wohl zu beachten ist, weit über die blos keimenden Sporen und die zahlreiche Hyphenbildung im Holz hinaus bis zur Entwicklung des Mycels auf der Oberfläche desselben gegangen und wir geben die Hoffnung nicht auf, dieselbe Cultur bis zur Bildung eines Sporenlagers gedeihen zu sehen. Hartig gelang es zwar auch, die Sporen des Hausschwamms in Fruchtsaftgelatine zur Keimung zu bringen, aber erst dann, nachdem er Urin zugesetzt hatte, welcher nach seiner Ansicht das für die Entwicklung der Sporen nothwendige Ammoniak, nach der meinigen jedoch die für diesen Zweck unentbehrliche Phosphorsäure lieferte. Die Culturen von Hartig gingen über die Bildung des Keimschlauchs kaum hinaus und „nur bei Zusatz von phosphorsaurem (!) Ammoniak kam die Entwicklung bis zur Entstehung mehrerer kräftiger Seitenhyphen." In unseren Versuchen dagegen führten ausschliesslich chemische Erwägungen das vollständige Gelingen der Keimung der Sporen auf ihrem natürlichen Nährboden herbei, wobei ich der Befriedigung vollen Ausdruck geben darf, dass unsere Beobachtungen, wie die auf Seite 28 befindliche Skizze der keimenden Sporen lehrt, vollständig mit den, von jener hervorragenden Autorität auf dem Gebiet der Pilzforschung erhaltenen Resultaten übereinstimmen. Diese Uebereinstimmung darf ich auch noch in vielen anderen Beziehungen konstatiren.

Wenn ich nun auch meinerseits die Frage bezüglich des geeigneten Nährbodens für die Keimung der Sporen des Hausschwamms für entschieden halte, so bin ich doch weit entfernt davon zu glauben, dass damit auch das Problem der Bedeutung des Sommer- und Winterholzes für diese Vorgänge schon gelöst sei. Auf Seite 41 dieser Schrift bemerkte ich: „In wie weit das längere Lagern und völlige Austrocknen, sowie Auslaugen mit Wasser auch das Sommerholz immun machen werde für die Entwicklung der Sporen des Hausschwamms, das müssen weitere Versuche entscheiden."

Je vielseitiger diese Versuche von verschiedenen Gesichtspunkten aus in Angriff genommen werden, um so eher dürfen wir hoffen, die Axt an die Wurzel eines Uebels legen zu können, welches nicht blos unsere Häuser zerstört, sondern unter Umständen auch einen ungleich schlimmeren Einfluss auf unsere Gesundheit auszuüben scheint, als Hartig annimmt. In dieser letzteren Beziehung habe ich noch ein wichtiges Moment hervorzuheben.

Als der Abschnitt dieser Schrift „der Hausschwamm in sanitärer Beziehung" bereits im Druck vorlag, gelangten „die klinischen Beiträge zur Kenntniss der *Actinomycose* des Menschen" von Dr. James Israel (Berlin bei Hirschwald 1884) in meine Hände. Ein Theil der darin mitgetheilten Krankheitsfälle zeigten in ihrem Verlauf und ihren Symptomen eine so überraschende Aehnlichkeit mit dem auf Seite 33 und 34 dieser Schrift skizzirten Symptomenkomplex jener notorisch durch den fructificirenden Hausschwamm herbeigeführten Erkrankungen, dass ich mich sofort veranlasst fühlte, die weitere Literatur über diesen Gegenstand und namentlich die erste Mittheilung von James Israel in Virchow's Archiv 1878 S. 74 und das Werk von Professor Ponfick „über die *Actinomycose* des Menschen, eine neue Infections-Krankheit", (Berlin 1882 bei Hirschwald), einzusehen und zu vergleichen. Was ich hier fand, konnte meine Ueberraschung bezüglich der möglichen, um nicht zu sagen, wahrscheinlichen Beziehungen zwischen dem Hausschwamm und dem Strahlenpilz, *Actinomyces,* nur steigern.

Obwohl dieser Gegenstand meinem eignen Arbeitsgebiet ferner liegt, so glaube ich doch mein Urtheil hier nicht zurückhalten zu dürfen.

Thatsächlich steht fest, dass wir über die Aetiologie der *Actinomycose,* welche durch die Entwicklung des Strahlenpilzes den menschlichen und thierischen Organismus in derselben Weise zu verheeren vermag, wie dies im Holz durch den *Merulius* geschieht, noch gar nichts wissen. Ihre Identität mit der entsprechenden Krankheit der Rinder und Schweine ist festgestellt, ebenso, dass sie durch eine von aussen in den Organismus eindringende Schädlichkeit, also zweifellos durch Sporen, veranlasst wird, obwohl man bis jetzt den betreffenden Pilz ausserhalb des Organismus noch nie angetroffen hat. Bei der grossen Analogie der Bedingungen, unter denen der Strahlpilz vorkommt und jenen, unter denen der Hausschwamm aus Sporen sich entwickelt, bei dem bedeutenden Bedarf des letzteren an Phosphorsäure und Kalium, welche er überall in genügender Menge im thierischen Organismus vorfindet, erscheint es als keine zu kühne Conjektur, die Entstehung der Strahlpilzerkrankung auf die Sporen des *Merulius* zurückzuführen, welche bei der Reife ihrer Sporenlager in Milliarden vorhanden sind und durch die Athmungswege und den Magen in alle jene Organtheile des thierischen und menschlichen Organismus gelangen können, in denen bis jetzt das Auftreten der *Actinomycose* beobachtet worden ist. Der dem Hausschwamm analoge grosse Bedarf von Phosphaten für die Entwicklung des Strahlpilzes spricht sich vor Allem darin aus, dass der letztere die Knochensubstanz in excessiver Weise angreift. Die durch ihn bewirkte Zerstörung der Kiefer unserer Hausthiere hatte dieser Krankheit schon längst den Namen „Knochenwurm" oder schlechthin „Wurm" verschafft, ehe Bollinger im Jahre 1877 sie als neue Pilzkrankheit des Rindviehs beschrieb. Ihre Häufigkeit bei demselben, sowie die, seit der Entdeckung ihrer wahren Natur sich mehrenden Krankheitsfälle beim Menschen veranlasste Ponfick zu dem Schluss, dass „der *Actinomyces* einer in der Natur recht verbreiteten Pilzform entsprechen müsse" und er fügt hinzu: „Das Epitheton eines tückischen verdient er darum, weil wir ihn lange unvermerkt mit uns herumtragen, während er nur auf den Augenblick zu harren scheint, wo sich an irgend einer Stelle ein Pförtchen öffnet, um in das Gewebe einzudringen und in schleichendem Vorwärtswühlen die weitesten Strecken zu verheeren." Dieser langsame chronische Verlauf ist für alle, namentlich aber für die tödtlich verlaufenden Fälle von *Actinomycose* charakteristisch, sie entspricht dem langsamen Keimungsprocess der Sporen des Hausschwamms, von denen wir in unseren Versuchen noch nach neun Monaten Sporen in den ersten Stadien ihrer Keimung vorfanden.

Wenn man den Hausschwamm in seiner vollen, mächtigen Entwicklung, in welcher er in mehreren Meter langen Mycelfäden das Holz- und Mauerwerk unserer Häuser überzieht, mit den winzigen, kaum einen Millimeter im Durchmesser haltenden, aber in zahlloser Menge vorhandenen Rosetten des Strahlpilzes vergleicht, so erscheint dieser Vergleich, insofern er eine Identität beider Pilzformen voraussetzt, auf den ersten Blick als etwas Ungeheuerliches. Wenn man aber die Struktur des Strahlpilzes unter dem Mikroskop entwirrt, so tritt in ihm das Bild der Hymenialschicht des *Merulius lacrimans*, wie es Hartig in seinem neuesten Werke abbildet, hier in seinem dichten, reich verzweigten, wirren Geflecht zarter Hyphen und den kolbenförmigen Basidien in schlagendster Aehnlichkeit hervor. Dies hebt auch De Bary in seinem neuesten Werke „Vergleichende Morphologie und Biologie der Pilze etc." 1884, S. 406 hervor, wenn er den *Actinomyces*-Stock in seinem Aussehen mit „einem dichten *Hymenomyceten*- oder *Discomyceten-Hymenium* mit sehr dünnen Elementen" vergleicht und die in einzelnen Exemplaren angehäuften, rundlichen oder länglichen, den Fäden etwa gleich dicken Körner „kleinen Sporen nicht unähnlich" findet, im Uebrigen aber der Ansicht ist, dass die Bedeutung aller dieser Verhältnisse erst durch fernere Untersuchung aufgeklärt werden müsste.

Es würde daher hier in dem *Actinomyces* eine Entwicklung des *Merulius* aus Sporen im kleinsten Massstabe vorliegen, aber auf einem Nährboden von wesentlich verschiedener Struktur, welcher ihm jedoch die Bedingungen seiner Existenz, Phosphorsäure, Kali, stickstoffhaltige Substanzen, in concentrirtester Form bietet, dadurch aber den ganzen Verlauf seiner Entwicklung wesentlich beeinflusst und anders gestaltet, als auf dem vegetabilischen Nährboden.

Wie dem nun auch sei, diese Conjectur wird erst Fleisch und Blut gewinnen, wenn durch das Experiment an Thieren, sei es durch Einathmung oder anderweitige Inkorporation von Sporen des *Merulius*, die Entstehung von *Actinomycose* experimentell nachgewiesen sein wird. Sollte in der That die weitere Untersuchung die Identität dieser beiden Pilze oder, wenn nicht, eine andere gesundheitsschädliche Wirkung der Sporen des *Merulius* ergeben, dann würden die Bau- und Sanitätsbehörden ein gleich grosses Interesse an der Vernichtung und völligen Ausrottung dieses gefährlichen Parasiten haben.

Ich behalte mir die weitere Verfolgung dieses Gegenstandes im Verein mit einem befreundeten medicinischen Sachverständigen vor.

Breslau, im April 1885. **Poleck.**

Erklärung der Tafeln.

Tafel I.

Fig. 1. Fruchtkörper von *Merulius lacrimans* in verschiedenen Stadien der Entwickelung.
- a. Steriles Mycel in Strängen und netzartigen Anflügen dem Substrat aufliegend.
- b. Pilzkörper, schwache Orangefärbung annehmend, das erste Anzeichen der beginnenden Hymeniumbildung.
- c. und d. Fruchtkörper mit entwickeltem Hymenium.
- e. Substrat. (Kiefernholz.)

Tafel II.

Fig. 2.
- a. Sterile, vielfach sich verzweigende Mycelstränge.
- b. Mycellappen, hier und da durch die charakteristische Färbung den Beginn der Hymeniumbildung andeutend.
- c. Entwickeltes Hymenium.
- d. Stück eines Fruchtkörpers mit reifem Hymenium.

Fig. 3. Querschnitt aus Kiefernholz, welches vom Pilz noch nicht befallen ist.
- a. Weite dünnwandige Frühjahrszellen.
- b. Enge dickwandige Herbstzellen.

Fig. 4. Längsschnitt durch das Holz einer vom Pilz befallenen Kiefer.
- a. Holzzellen in der Radialansicht.
- b. Markstrahlenzellen.
- c. Einzelne Mycelfäden, die Wandungen durchbohrend oder durch die Hoftüpfel in die Nachbarzellen eintretend.
- d. Hoftüpfel, in welche gleichzeitig mehrere Mycelfäden eindringen.
- e. Stellen, an denen die Fäden die Wandung direkt durchbohren.

Tafel III.

Fig. 5. Fruchtkörper senkrecht über das Substrat sich erhebend.
  a. Ein Stück Gyps, dem der Pilz seitlich anhaftet; im hinteren Theile sitzt die Basis des Fruchtkörpers einer Holzdiele auf.
  b. Excentrisch-strahliges Mycel, den soliden Körper des Pilzes bildend.
  c. Hymenialschicht.
  d. Plötzliche Zusammenziehung des Fruchtkörpers zur Bildung einer konsolenartigen Form des oberen Theiles.
  e. Weisse Randschicht des Fruchtkörpers.

Fig. 6. Querschnitt eines Holzes, welches vom Pilz fast gänzlich zerstört ist.
  a. und b. Wandungen der Frühjahrs- und Herbstholzzellen, viel dünner als in Fig. 3.
  c. Einige Zellen, inselartig eingelagert, die vom Pilz noch nicht angegriffen sind, wie die natürliche Färbung und Dicke der Wandungen zeigt.

Fig. 7. Querschnitt durch ein Holz, welches vom Pilz völlig zerstört ist.
  a. und b. wie in voriger Figur.
  c. Zeichen der Erosion der Pilzfäden auf die Wandungen.

Fig. 8. a. Basidie mit Sporen.
  b. Einzelne Sporen in natürlicher Farbe, von verschiedenen Seiten betrachtet.

Tafel IV.

Hausschwamm, auf *Pinus silvestris* aus Sporen gezüchtet im pharmaceutischen Institut der Universität zu Breslau.

Links unten, etwas seitlich: Ausgangspunkt eines weithin nach rechts sich vielfach verzweigenden Mycels von blendend weisser Farbe, an der Ursprungsstelle eine warzenförmige Erhebung von gelbbräunlicher Färbung. Auf allen übrigen Theilen des Querschnitts kleinere Eruptionen von Mycel derselben Beschaffenheit. Auf der Oberfläche und im Innern die auf Seite 28 abgebildeten keimenden Sporen und Pilzhyphen, welche das Holz nach allen Richtungen durchdringen.

Druck von Robert Nischkowsky in Breslau.

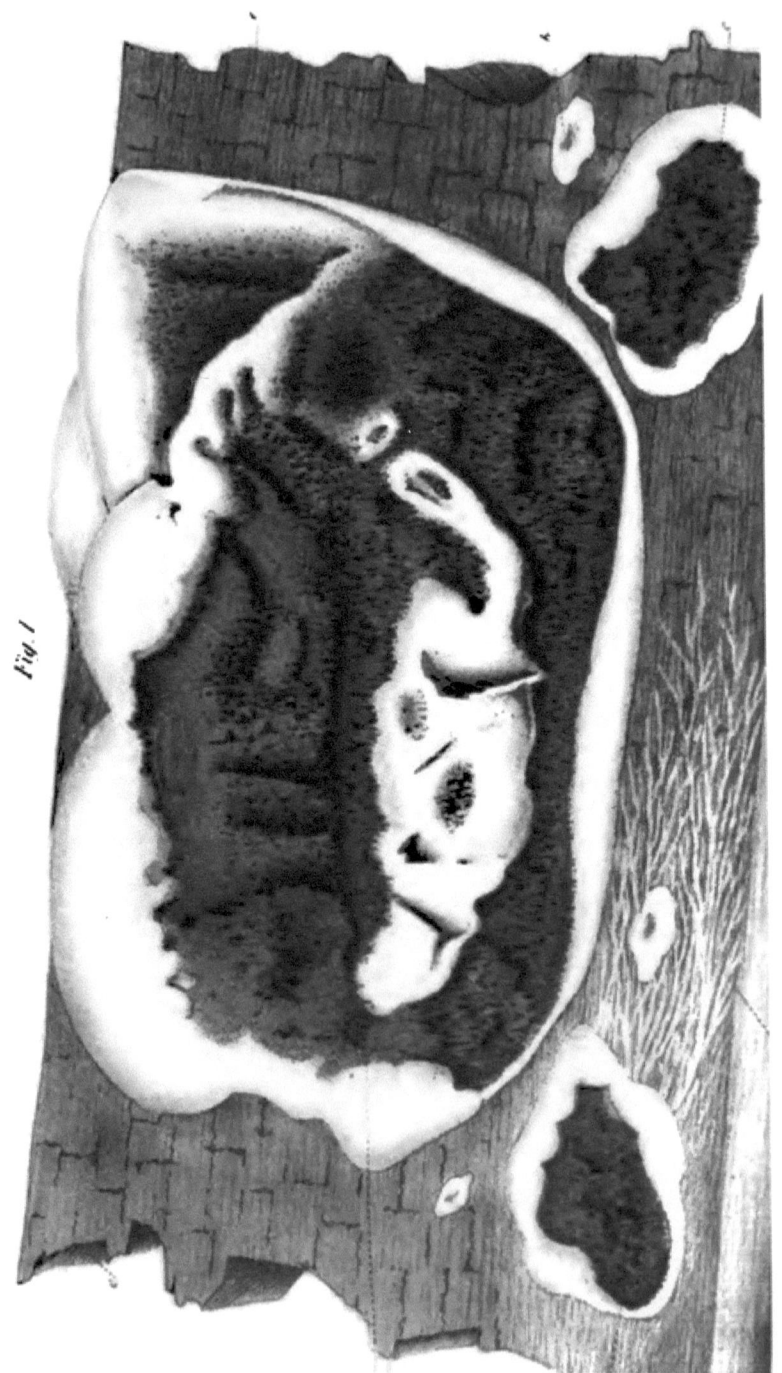

Taf. I.

Fig. 1

Fig 4.

Fig. 2

Fig. 3.

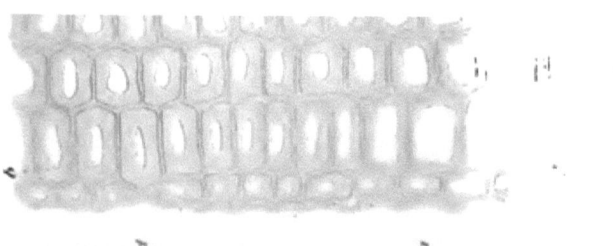

Merulius lacrimans Schum.

Ausbreitung des Myceliums. Beginn der Fruchtbildung.

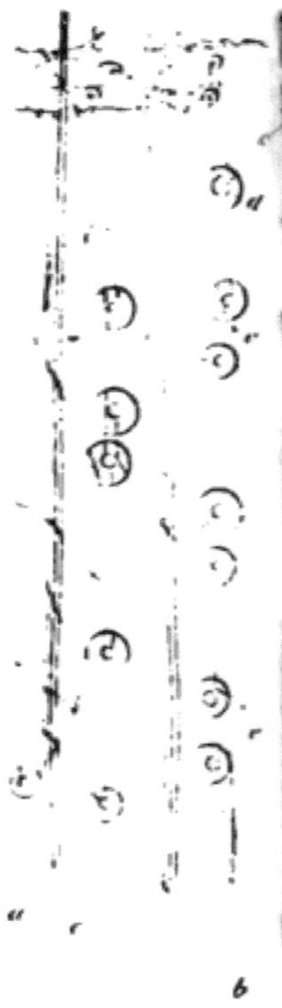

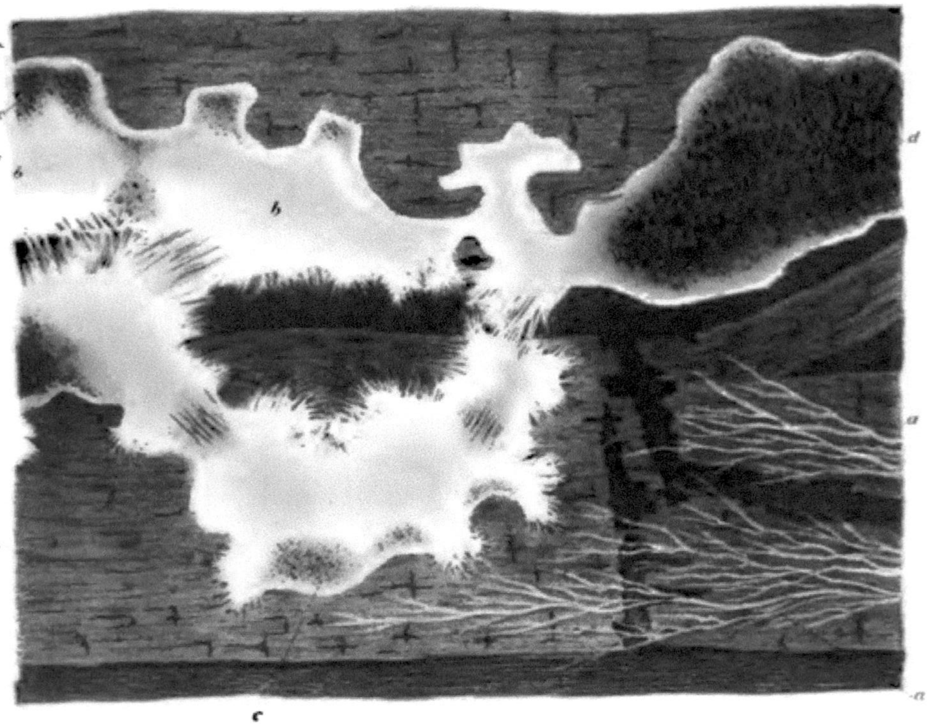

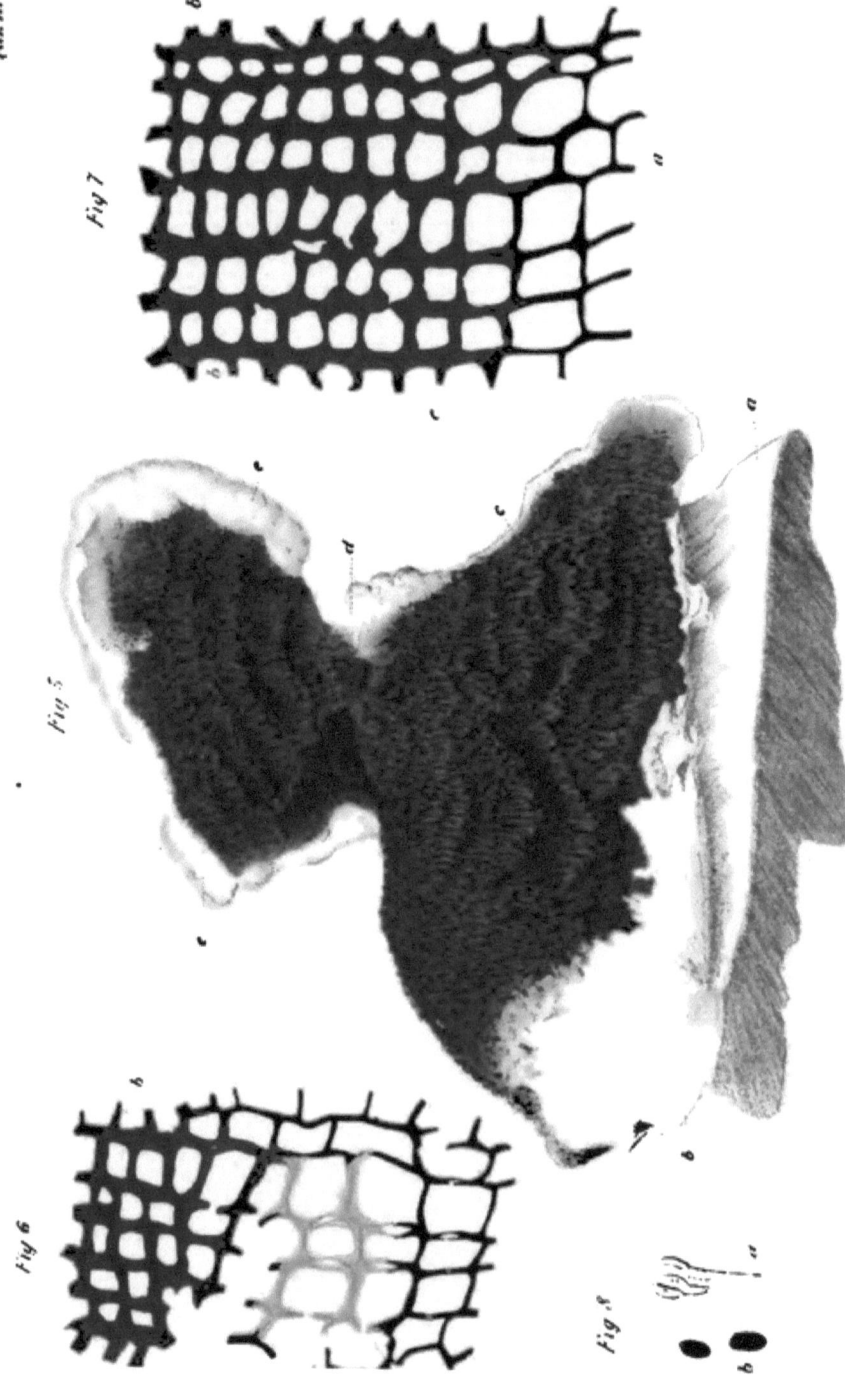

Taf. IV.